발 행 일	1판 2쇄 2025년 6월 20일
I S B N	978-89-5960-484-5
정 가	12,000원
집 필	렉스 기획팀
진 행	이영수
본문디자인	디자인 꿈틀

발 행 처	(주)렉스미디어
발 행 인	안광준
주 소	경기도 파주시 파주읍 정문로 588번길 24
대표전화	(02)849-4423
대표팩스	(02)849-4421
홈페이지	www.rexmedia.net

※ 이 책은 저작권법에 따라 보호를 받는 저작물이므로 무단 전재와 무단 복제를 금지하며,
이 책 내용의 전부 또는 일부를 이용하려면 반드시 렉스미디어 출판사의 서면 동의를 받아야 합니다.

이 책의 차례

Lesson 01 한글, 안녕? 친구들 안녕! ········ 4
- 한글 프로그램 실행하고 화면 구성 알아보기
- 글자를 입력하고 수정하기
- 작성한 문서 저장하고 종료하기

Lesson 02 저장된 예제를 열고 글자모양 변경하기 ········ 9
- 파일 불러오고 보기 형태 바꾸기
- 글자 모양 변경하기

Lesson 03 글맵시로 글자를 맵시 나게 ········ 15
- 글맵시로 글자 입력하기
- '공지사항' 글맵시로 입력하기
- '오늘의 급식' 글맵시로 입력하기

Lesson 04 문단 정렬하기 ········ 23
- 문단 모양 정렬하기
- 문단 내용 복사하고 붙여넣기
- 줄 간격과 문단 여백 지정하기

Lesson 05 문서에 배경을 넣어 편지지 만들기 ········ 30
- 쪽 배경을 지정하기
- 편지 내용 입력하기

Lesson 06 비밀 문서 만들기 ········ 37
- 비밀문서 표 만들기
- 비밀문서 만들기

Lesson 07 어항 만들기 ········ 42
- 그리기마당에서 조각 찾아 넣기
- 입력된 조각 그림 회전하기
- 조각그림 속성 변경하기

Lesson 08 칭찬의 효과 ········ 50
- 글상자로 글자 입력하기
- 글상자로 제목 입력하기

Lesson 09 글자모양 복사하기 ········ 57
- 글자의 모양을 복사하기
- 문서의 한자를 입력하기

Lesson 10 칭찬스티커판 만들기 ········ 65
- 칭찬스티커판 만들기
- 스티커 번호표 만들기

이 책의 차례

Lesson 11 이름표를 상용구로 등록해요 ·················· 72
- 상용구 등록하기
- 등록된 상용구 확인하기

Lesson 12 알림장 표지 디자인하기 ·················· 79
- 용지 설정하고 보기 형태 바꾸기
- 알림장 표지 디자인하기

Lesson 13 기침 예절 알아보기 ·················· 86
- 그림을 삽입하기
- 글 상자와 그림 배치하기

Lesson 14 실험 보고서 만들기 ·················· 93
- 표 만들기
- 표 너비/높이 조절하기
- 표 선모양 바꾸기

Lesson 15 연간 달력 만들기 ·················· 102
- 1월 달력 완성하기
- 12개월 달력으로 복사하기
- 날짜 채우기

Lesson 16 표로 딸기 만들기 ·················· 111
- 도면 판의 줄을 삽입하기
- 도면 판에 그림 그리기

Lesson 17 알림장 속지 만들기 ·················· 116
- 페이지 설정하고 보기형태 변경하기
- 알림장 속지 만들기

Lesson 18 용돈기입장 만들기 ·················· 123
- 용돈기입장에 배경 넣기
- 표 삽입하고 꾸미기

Lesson 19 표 고급기능 활용하기 ·················· 129
- 표 완성하기

Lesson 20 배운것을 정리해요! ·················· 134

Lesson 21 종합정리 1 메모장 만들기 ·················· 136

Lesson 22 종합정리 2 한글 단축키 목록 작성하기 ·················· 138

Lesson 23 종합정리 3 도트 디자인 - 다람쥐 그리기 ·················· 140

Lesson 24 종합정리 4 체험학습보고서 만들기 ·················· 142

Lesson 01

배울 수 있어요!

◆ 한글 프로그램을 실행하고 종료하는 방법을 알아보아요.
◆ 한글, 영어, 기호를 입력하고 수정하는 방법을 알아보아요.
◆ 문서를 작성하고 저장하는 방법을 알아보아요.

한글, 안녕? 친구들 안녕!

아래한글 프로그램은 학교생활에서 많이 사용되고 있어요. 선생님께 숙제 또는 보고서를 제출하거나, 학교생활에 필요한 문서를 작성할 수 있어요. 한글 프로그램의 중요한 기능과 문서를 작성하고 수정하는 방법에 대해 학습하도록 해요.

※ 예제 파일 : 없음   ※ 완성 파일 : 1차시\자기소개-김이쁜.hwpx

자기소개하기

1. 이름 : 김이쁜
2. 학년 반 : 2학년 1반
3. 학교명 : 서울렉스초등학교
4. 생일 : 9월 13일
5. 좋아하는 색 : 노란색
6. 좋아하는 과목 : 컴퓨터, 체육
7. 좋아하는 음식 : 고기, 치킨, 피자, 햄버거

> 글자를 입력하고 수정해요.

> 띄어쓰기는 SpaceBar, 줄 바꾸기/줄 삽입은 Enter 를 눌러요.

> 커서를 기준으로 앞 글자를 삭제할 때는 BackSpace, 뒤 글자를 삭제할 때는 Delete 를 눌러요.

1 한글 프로그램 실행하고 화면 구성 알아보기

01 한글 2022 프로그램을 실행하기 위해 [시작(⊞)]을 클릭하고 앱 뷰에서 [한글 2022]를 클릭하여 프로그램을 실행해요.

02 [문서 시작 도우미] 대화상자가 나타나면 [새 문서]를 클릭해요.

03 한글 프로그램이 실행되면 다음과 같은 화면이 나타나요.

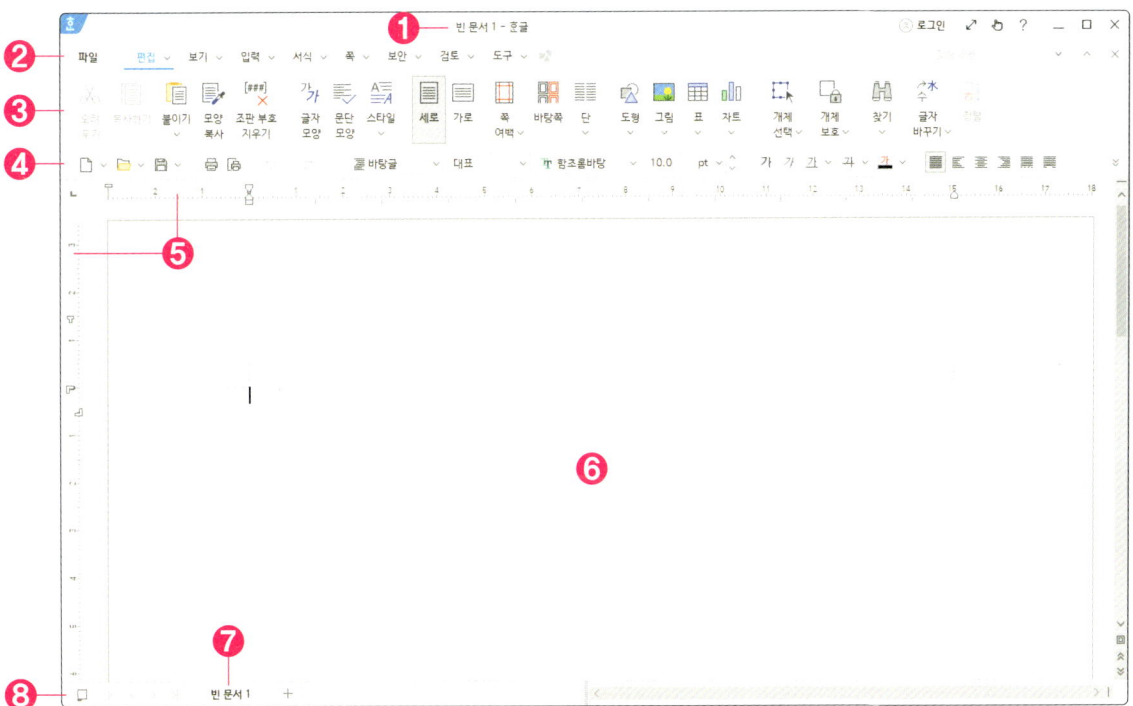

❶ 제목 표시줄 : 현재 편집 중인 문서의 파일 이름과 파일 경로, 창 조절 단추가 표시돼요.

❷ 메뉴 표시줄 : 한글 프로그램에서 사용하는 기능들을 분류하여 메뉴로 표시돼요.

❸ 기본 도구 상자 : 각 메뉴에서 사용하는 도구들을 묶어서 그룹 형식으로 표시돼요.

❹ 서식 도구 상자 : 문서 작성 시 자주 사용하는 기능들을 모아 아이콘 형태로 표시돼요.

❺ 가로/세로 눈금자 : 문서의 여백을 확인할 수 있으며, 가로/세로의 개체 크기를 확인할 수 있어요.

❻ 문서 창 : 현재 문서를 입력하고 수정하는 모든 작업내용이 표시돼요.

❼ 문서 탭 : 작성 중인 문서와 파일명이 탭으로 표시돼요.

❽ 상황선 : 현재 문서를 작성하고 있는 커서의 위치, 편집상태, 확대/축소, 보기 형태 등이 표시돼요.

2 글자를 입력하고 수정하기

01 다음과 같이 내용을 입력해 보아요.

> 자기소개하기
>
> 1. 이름 : 김이쁜
> 2. 학년 반 : 2학년 1반
> 3. 학교명 : 서울렉스초등학교
> 4. 생일 : 9월 13일
> 5. 좋아하는 색 : 노란색
> 6. 좋아하는 과목 : 컴퓨터, 체육
> 7. 좋아하는 음식 : 고기, 치킨, 피자, 햄버거

문서를 잘 입력하려면 커서의 위치를 잘 확인하고 입력해요.
화면의 깜빡깜빡하는 것이 보이는데 이것을 커서라고 해요. 글자가 입력될 위치를 알 수 있으며 상황선에 커서의 위치가 표시돼요.

3 작성한 문서 저장하고 종료하기

01 작성한 문서를 저장하기 위해 [파일] 탭-[저장하기(💾)]를 선택해요.

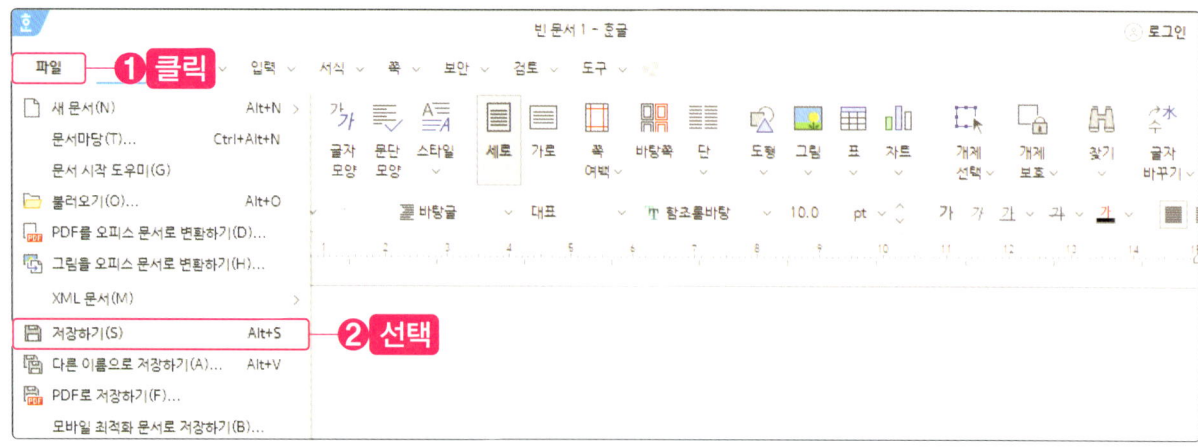

[서식] 도구 상자에서 [저장하기(💾)]를 클릭하거나 단축키 **Alt + S** 를 사용해도 돼요.

02 〔다른 이름으로 저장하기〕 대화상자가 나타나면 저장 위치를 지정하고 파일이름(자기소개-본인 이름)을 입력한 후 〔저장〕을 클릭해요.

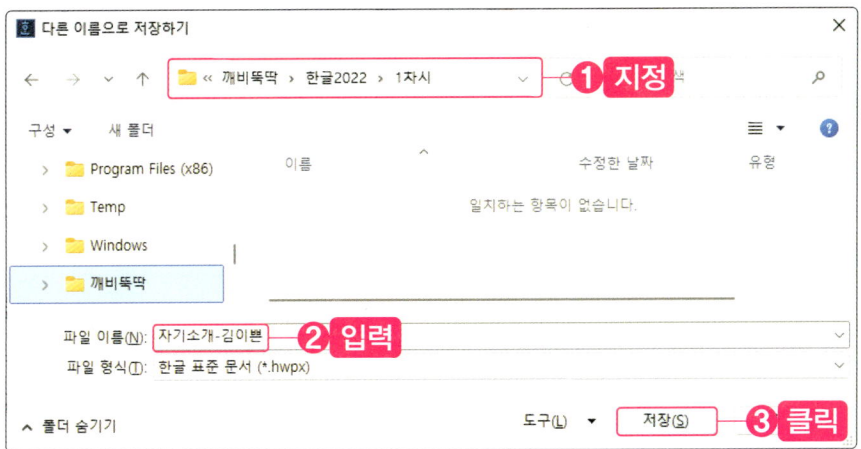

03 파일이 저장되면 제목 표시줄에 파일명 및 저장 위치가 표시돼요.

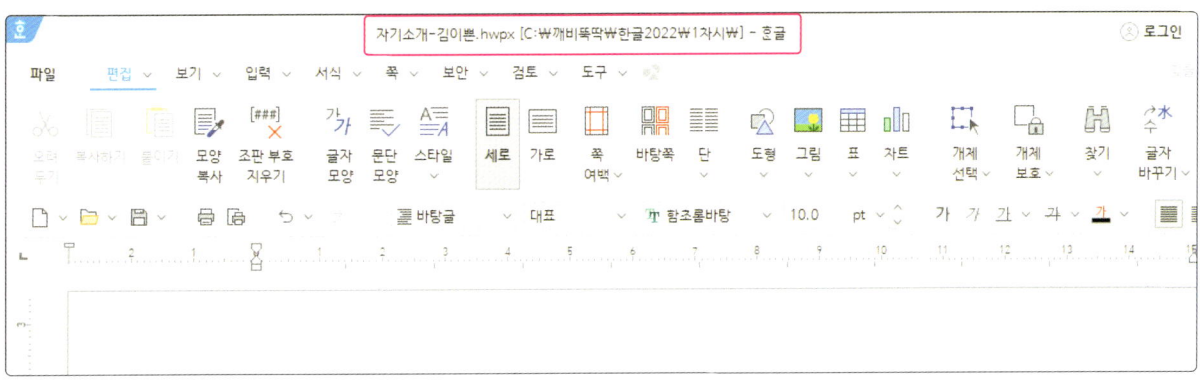

04 한글 프로그램을 종료하기 위해 〔파일〕 탭-〔끝〕을 선택해요.

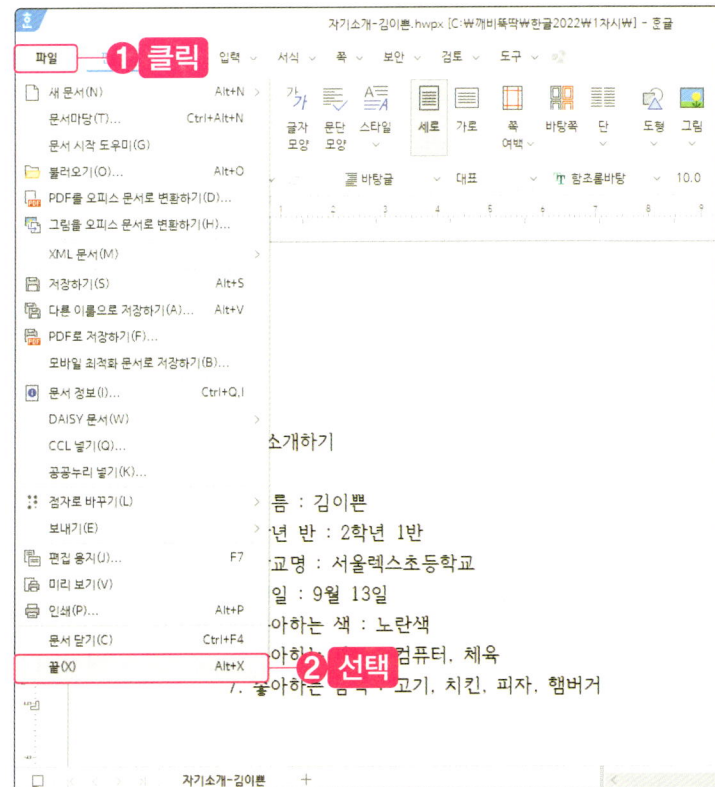

화면 오른쪽 상단의 〔닫기(✕)〕를 클릭하거나 단축키(Alt+X)를 사용해도 돼요.

Lesson 01 • 한글, 안녕? 친구들 안녕! 7

1 다음 한글 프로그램을 다시 실행하고 우리 학교 소개 글을 완성하고 저장해 보세요.

• 예제 파일 : 없음   완성 파일 : 1차시\우리학교 소개하기_완성.hwpx

우리학교 소개하기

1. 학교 교훈 : 굳세고 바르고 슬기롭게
2. 교육 목표 : 모두가 행복한 삶을 가꾸는 어린이
3. 특색 교육 : 꿈꾸는 행복 성장 프로그램으로 건강한 어린이
4. 교목 : 향나무
5. 교화 : 목련

학교 홈페이지를 방문하여 학교소개 부분을 검색해요. 우리 학교의 교훈과 목표, 특색 교육, 교목, 교화 등을 찾아서 우리 학교에 대한 소개를 입력해도 좋아요.

2 다음 한글 프로그램을 다시 실행하고 우리 학교 소개 글을 완성하고 저장해 보세요.

• 예제 파일 : 없음   완성 파일 : 1차시\블랙 푸드_완성.hwpx

블랙 푸드(Black Food)

블랙 푸드란 검은콩(흑태), 검은깨(흑임자), 검은쌀(흑미), 메밀, 오징어먹물, 블루베리, 가지, 목이버섯, 오골계, 김, 미역, 다시마, 건포도, 수박씨 등 검은빛을 띠는 대부분의 식품으로 블랙은 식욕을 돋우거나, 식탁을 장식하기에는 부담스러웠던 빛깔이지만 블랙 푸드가 지닌 영양학적 특징이 알려지면서 블랙에 대한 선입견을 불식시키고 사람들은 검은색의 마력에 빠져들게 되었다.

영어와 기호를 입력하기

키보드의 [한/영]를 누를 때마다 한글과 영어를 입력할 수 있도록 변경돼요. 영어 입력 시 [Shift]를 누르고 입력하면 '대문자/소문자' 또는 '키보드의 숫자 윗부분 기호'를 입력할 수 있어요.

Lesson 02

저장된 예제를 열고 글자모양 변경하기

배울 수 있어요!
- 저장된 파일을 불러오고 편집하기 좋은 상태로 변경해요.
- 글자 모양을 변경해요.
- 수정한 내용을 저장해요.

한글로 저장한 파일을 열고 수정하는 방법과 저장된 문서의 글자 모양을 변경하는 방법에 대해 학습하도록 해요.

✿ 예제 파일 : 2차시\자기소개.hwpx   ✿ 완성 파일 : 2차시\자기소개_완성.hwpx

> 한글로 저장된 파일을 불러와요.

1. 이름 : 김이쁜
2. 학년 반 : 2학년 1반
3. 학교명 : 서울렉스초등학교
4. 생일 : 9월 13일
5. 좋아하는 색 : 노란색
6. 좋아하는 과목 : 컴퓨터, 체육
7. 좋아하는 음식 : 고기, 치킨, 피자, 햄버거

> 불러온 파일의 보기 형태를 변경해요.

> 글자 모양(Alt+L)을 변경해요.

1 파일 불러오고 보기 형태 바꾸기

01 한글로 작성된 파일을 열기 위해 〔파일〕 탭-〔불러오기(📁)〕를 선택해요.

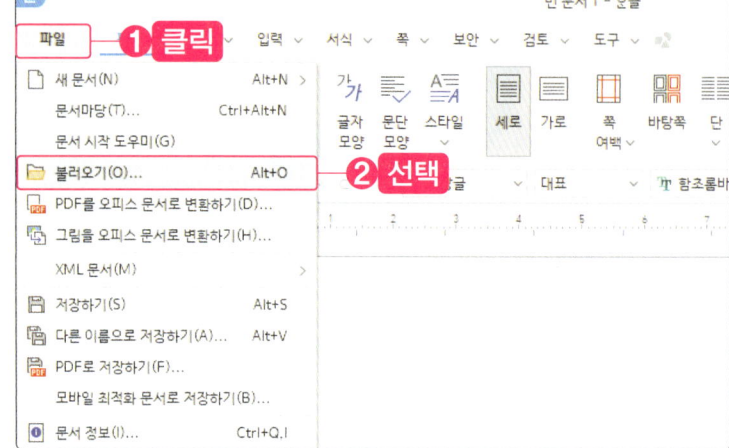

불러오기 : Alt + O

02 〔불러오기〕 대화상자가 나타나면 〔2차시〕 폴더에서 '자기소개.hwpx' 예제 파일을 선택하고 〔열기〕를 클릭해요.

파일의 보기 형태가 다를 경우에는...
〔기타 옵션〕을 클릭하고 〔큰 아이콘〕을 선택하면 파일의 보기 형태가 변경돼요. 여러 형태의 보기 형태를 변경해 보세요.

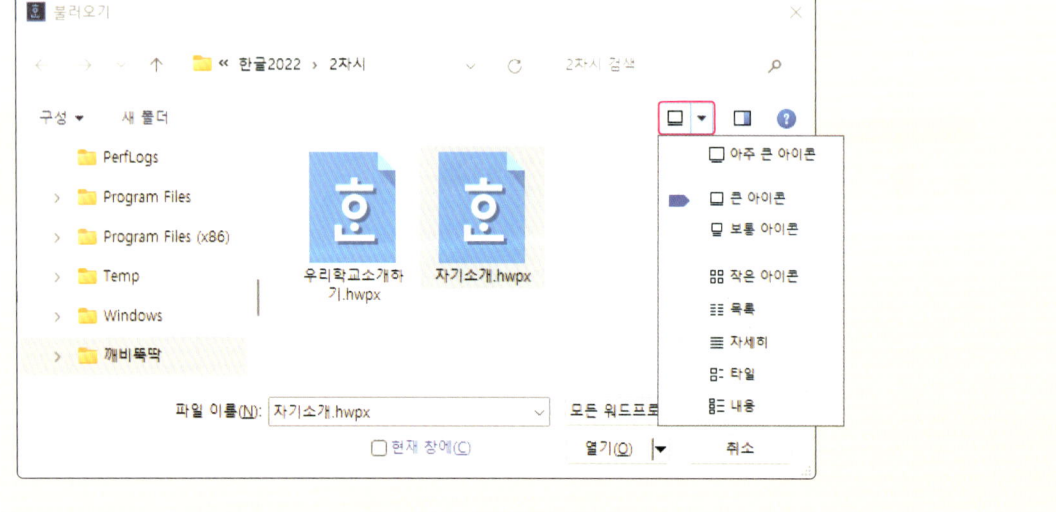

03 화면의 확대/축소 비율을 지정하기 위해 [보기] 탭-[폭 맞춤]을 클릭해요.

확대/축소 배율
- **100%** : 편집 화면을 확대하거나 축소하지 않은 실제 크기에요.
- **125%** : 편집 화면을 125%로 확대해요.
- **폭 맞춤** : 편집 용지의 크기와 관계없이 현재 용지의 너비가 문서 창의 너비에 맞도록 축소하거나 확대해요.
- **쪽 맞춤** : 편집 용지의 크기와 관계없이 현재 용지 한 쪽 분량을 한 화면에 모두 볼 수 있는 배율로 축소하거나 확대해요.
- **사용자 정의** : 확대/축소 배율을 최소 10%에서 최대 500% 범위 안에서 지정할 수 있어요.

04 다음과 같이 화면 확대/축소 비율이 폭에 맞추어 변경돼요.

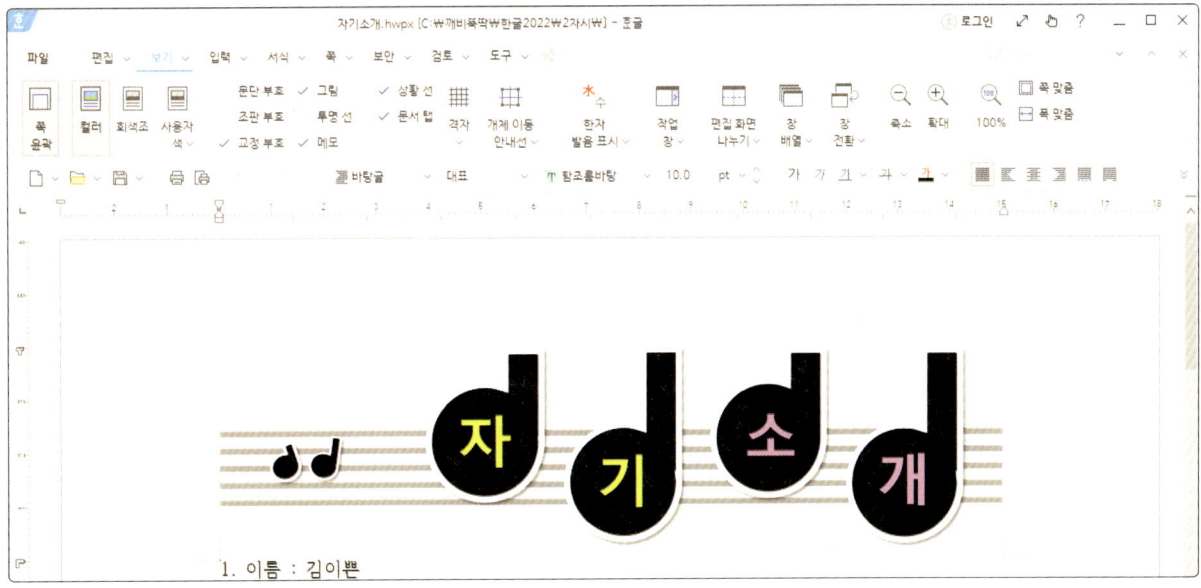

문서를 작성하다가 갑자기 [도구 상자], [리본 메뉴]가 사라졌을 땐...
- 오른쪽 상단에 위치한 [도구 상자 단계별 접기/펴기(∧/∨)] 버튼을 클릭해요.
- [Ctrl]+[F1]를 누르면 [기본 도구 상자]와 [서식 도구 상자] 가 '접었다 / 펴졌다' 해요.

Lesson 02 • 저장된 예제를 열고 글자모양 변경하기

2 글자 모양 변경하기

01 글자 모양을 지정할 부분을 드래그하여 블록으로 지정하고 [서식] 탭-[글자 모양]을 클릭해요.

- 글자 모양 : Alt + L
- [글자 모양] 대화상자는 한글에서 자주 사용해요. 단축키를 사용하면 빠르게 지정할 수 있어요.

02 [글자 모양] 대화상자가 나타나면 [기본] 탭에서 기준 크기, 언어별 설정, 속성을 지정하고 [설정]을 클릭해요.

- 기준 크기 : 20pt
- 글꼴 : 휴먼옛체
- 속성 : 진하게(가), 그림자(가)
- 글자 색 : 남색(RGB: 58,60,132)

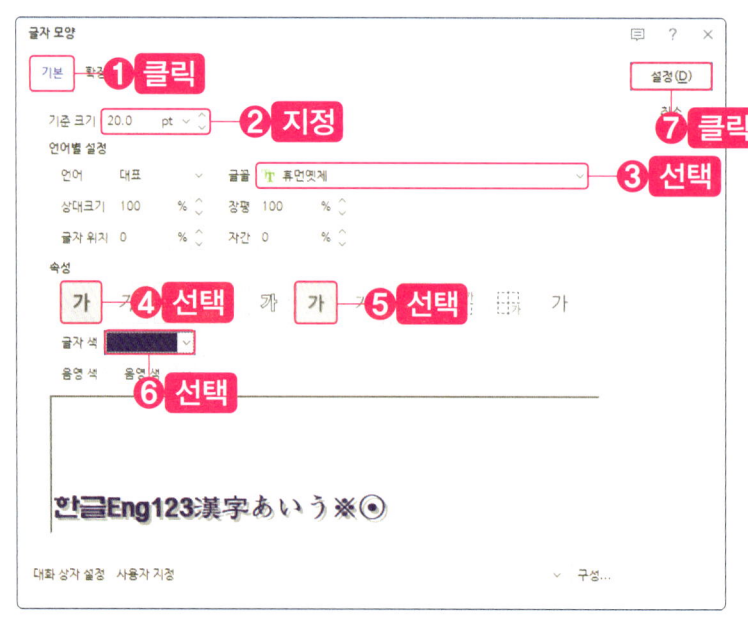

03 2번~7번을 각각 블록으로 지정하고 글자 모양(Alt+L)을 변경해 보세요.

❶ 글꼴 : 궁서체, 기준 크기 : 15pt, 글자 색 : 초록(RGB: 40,155,110), 속성 : 진하게(가)
❷ 글꼴 : 굴림, 기준 크기 : 18pt, 글자 색 : 주황(RGB: 255,132,58), 속성 : 기울임(가)
❸ 글꼴 : 오이, 기준 크기 : 20pt, 글자 색 : 보라(RGB: 157,92,187), 속성 : 밑줄(가)
❹ 글꼴 : 딸기, 기준 크기 : 13pt, 글자 색 : 노랑(RGB: 255,215,0), 음영색 : 빨강(RGB: 255,0,0)
❺ 글꼴 : 돋움, 기준 크기 : 18pt, 속성 : 외곽선(가), 그림자(가)
❻ 글꼴 : 강낭콩, 기준 크기 : 15pt, 글자 색 : 하늘색(RGB: 97,130,214), 속성 : 진하게(가), 밑줄(가)

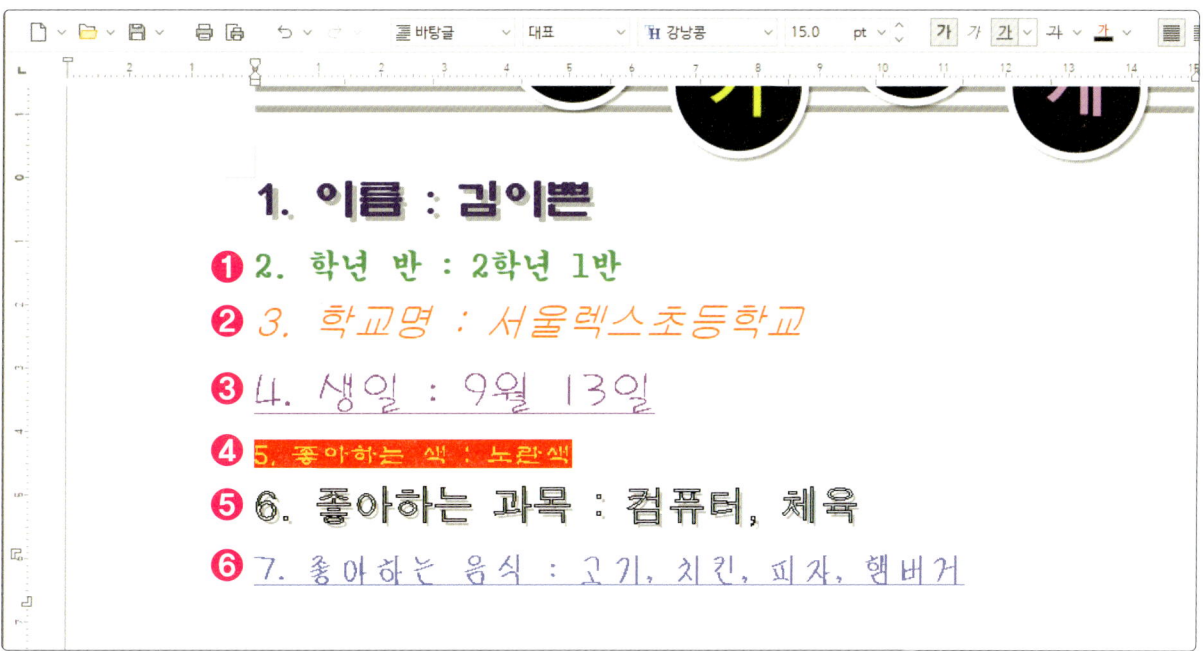

한 줄 블록 빠르고 쉽게 잡는 방법!!

문단의 맨 앞부분에 마우스 포인터를 위치한 후 포인터 모양(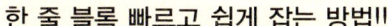)이 변경되었을 때

- 마우스 1 번 클릭 : 한 줄만 블록으로 지정
- 마우스 빠르게 2 번 클릭 : 한 문단이 블록으로 지정
- 마우스 빠르게 3 번 클릭 : 문서 전체가 블록으로 지정

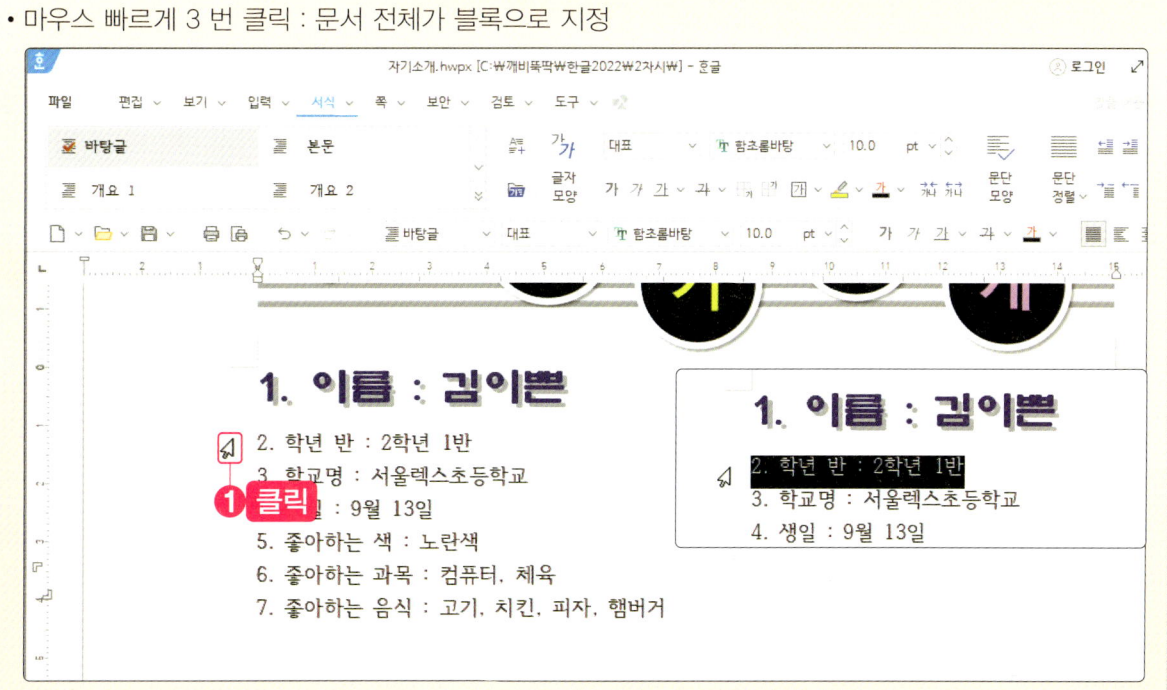

Lesson 02 • 저장된 예제를 열고 글자모양 변경하기

1 〔2차시〕 폴더에서 '우리학교소개하기.hwpx' 파일을 열고 다음과 같이 글자의 모양을 변경해 보세요.

• 예제 파일 : 2차시\우리학교소개하기.hwpx   완성 파일 : 2차시\우리학교소개하기_완성.hwpx

❶ 글꼴 : 휴먼매직체, 기준 크기 : 20, 음영 색 : 노랑(RGB: 255,255,0), 속성 : 진하게(가)
❷ 글꼴 : HY엽서L, 기준 크기 : 18pt, 글자 색 : 남색(RGB: 58,60,132), 속성 : 기울임(가), 밑줄(가)
❸ 글꼴 : 휴먼엑스포, 기준 크기 : 14, 속성 : 진하게(가), 외곽선(가), 그림자(가)
❹ 글꼴 : 궁서, 기준 크기 : 25pt, 글자 색 : 주황(RGB: 255,132,58), 속성 : 진하게(가), 그림자(가)
❺ 글꼴 : 타이프, 기준 크기 : 20pt, 음영 색 : 초록(RGB: 40,155,110) 40% 밝게

Lesson 03

배울 수 있어요!
◆ 글맵시로 글자를 삽입해요.
◆ 글맵시의 속성을 변경해요.

글맵시로 글자를 맵시 나게...

보고서의 제목 또는 문서의 제목을 강조하고 싶을 때, 어떤 단어를 예쁘고 눈에 확 띄게 만들고 싶을 때는 글맵시 도구를 이용해 보세요. 글맵시의 속성을 변경하여 빠르고 쉽게 예쁜 글자를 만들 수 있어요. 글맵시를 작성하고 수정하는 방법에 대해 학습하도록 해요.

❋ 예제 파일 : 3차시\칠판앞.hwpx   ❋ 완성 파일 : 3차시\칠판앞_완성.hwpx

글맵시를 이용하여 글자를 삽입해요.

글맵시의 개체속성을 변경해서 더욱 예쁘게 만들어요.

1 글맵시로 글자 입력하기

01 〔3차시〕 폴더에서 '칠판앞.hwpx' 파일을 열어요.

02 글맵시를 삽입하기 위해 〔입력〕 탭-〔글맵시()〕를 클릭해요.

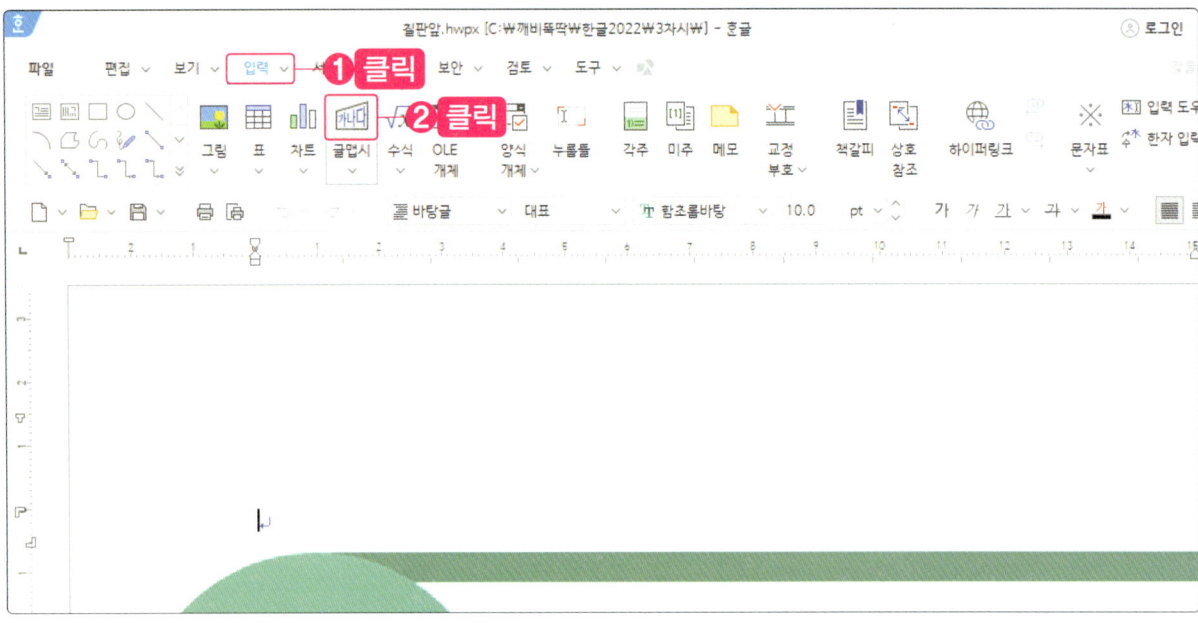

03 〔글맵시 만들기〕 대화상자가 나타나면 내용(학습목표)을 입력하고 글맵시 모양과 글꼴을 지정한 후 〔설정〕을 클릭해요.

- 글맵시 모양 : 갈매기형 수장(⌒)
- 글꼴 : 양재튼튼B

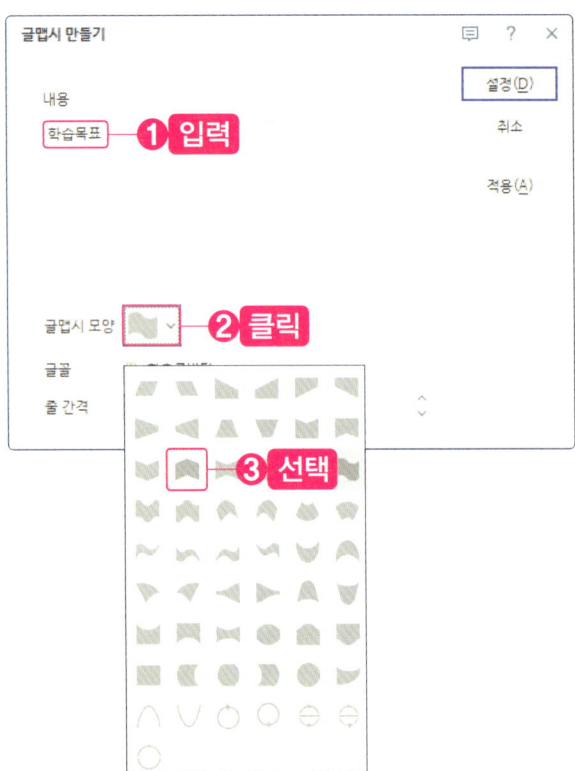

04 글맵시가 삽입되면 위치를 이동하고 크기를 조절해요.

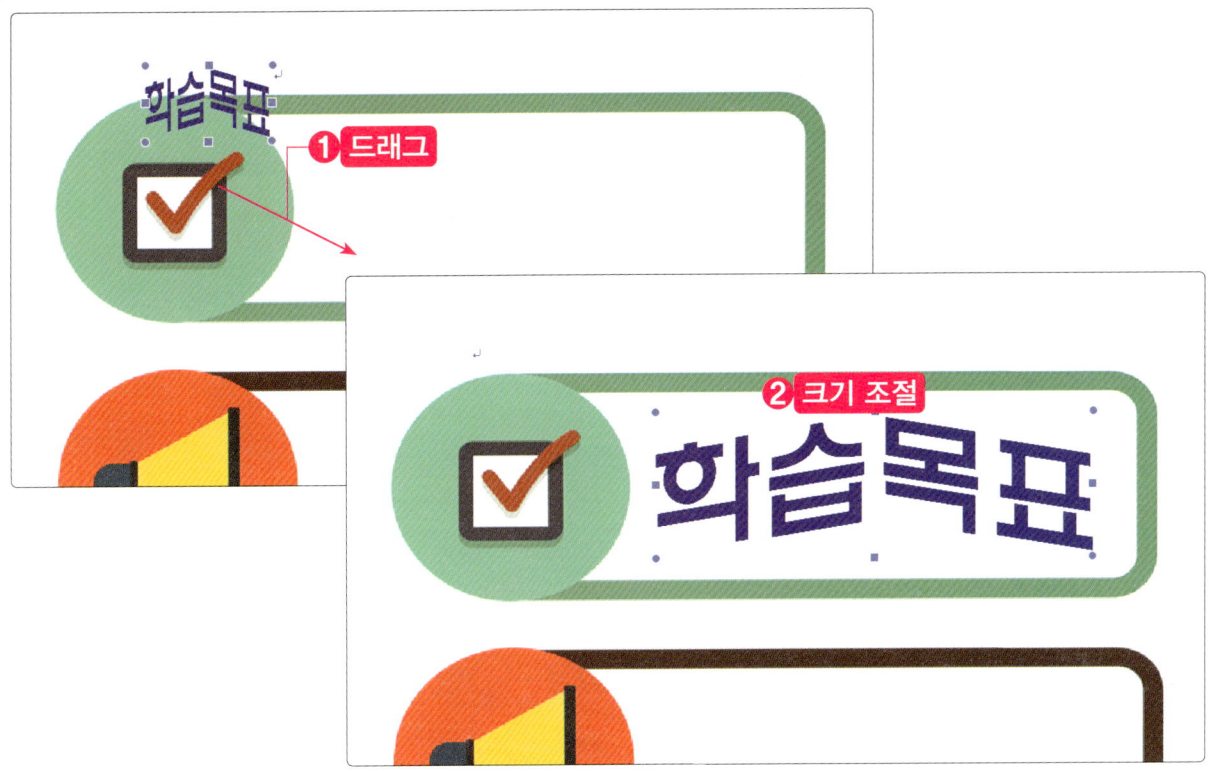

05 글맵시를 더블클릭해요.

06 〔개체 속성〕 대화상자가 나타나면 〔선〕 탭에서 종류(실선)를 선택해요.

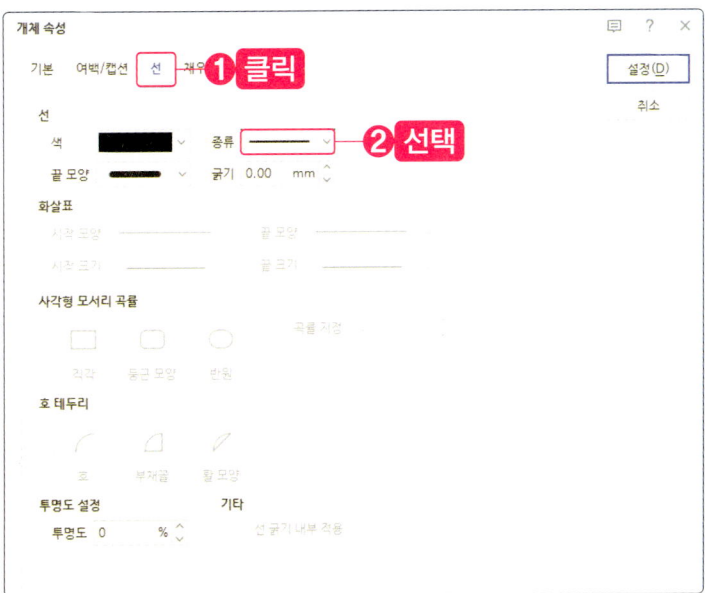

07 〔채우기〕 탭을 클릭하고 색을 선택한 후 면 색과 무늬 색, 무늬 모양을 선택해요.

- 채우기
  면 색 : 노랑(RGB: 255,215,0)
  무늬 색 : 초록(RGB: 40,155,110)
  무늬 모양 : 체크무늬

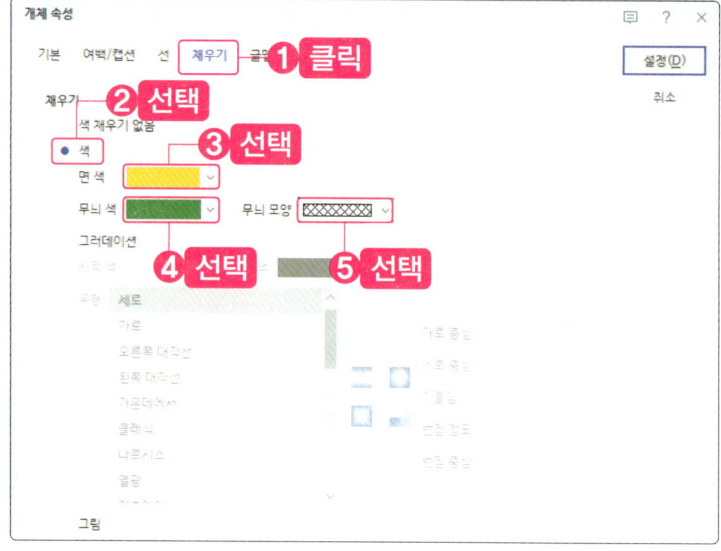

테마 색상표를 변경하면 다양한 색을 선택할 수 있어요.
- 〔테마 색상표(▶)〕를 클릭하고 다양한 테마를 선택해요.

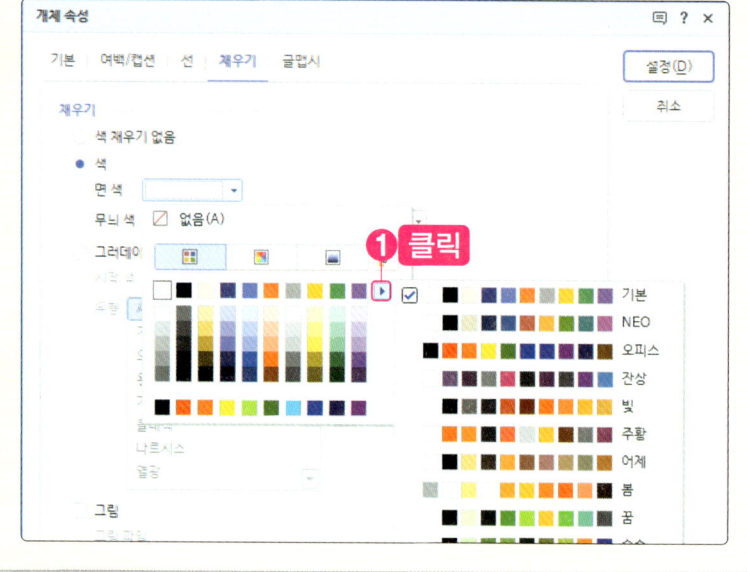

08 〔글맵시〕 탭을 클릭하고 '비연속'을 선택한 후 색과 X 위치, Y 위치를 지정한 다음 〔설정〕을 클릭해요.

- 그림자
  색 : 검정(RGB: 0,0,0)
  X 위치 : 2 %
  Y 위치 : 2 %

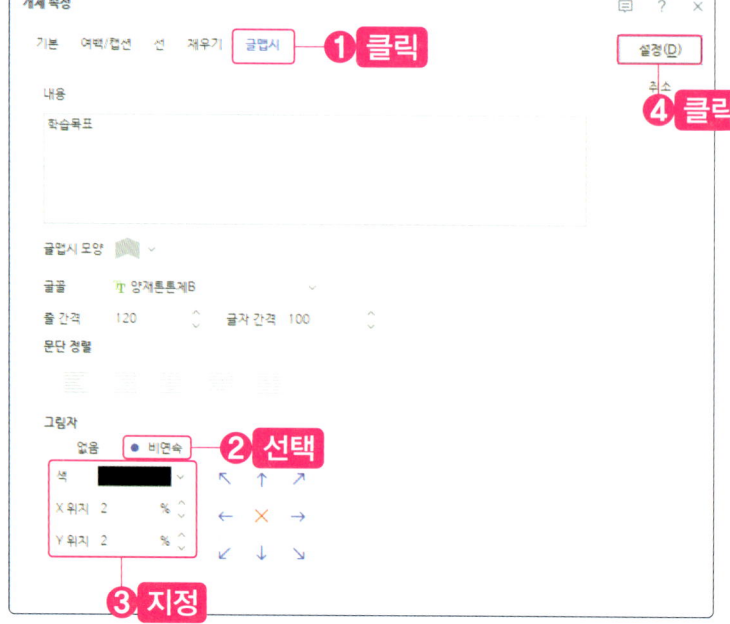

18

2 '공지사항' 글맵시로 입력하기

01 〔입력〕 탭-〔글맵시(　)〕를 선택해요.

02 〔글맵시 만들기〕 대화상자가 나타나면 내용(공지사항)을 입력하고 글맵시 모양과 글꼴을 선택한 후 〔설정〕을 클릭해요.
- 글맵시 모양 : 육각형(　)
- 글꼴 : 휴먼옛체

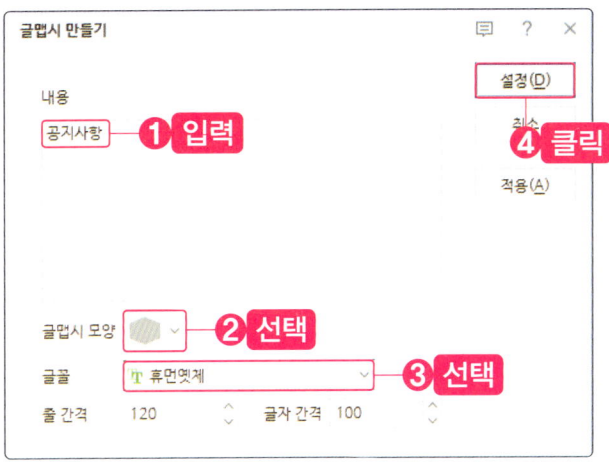

03 글맵시가 삽입되면 위치를 이동하고 크기를 조절한 후 글맵시를 더블클릭해요.

04 〔개체 속성〕 대화상자가 나타나면 〔선〕 탭에서 종류(실선)를 선택해요.

05 〔채우기〕 탭을 클릭하고 그러데이션을 선택한 후 유형(열광)을 선택해요.

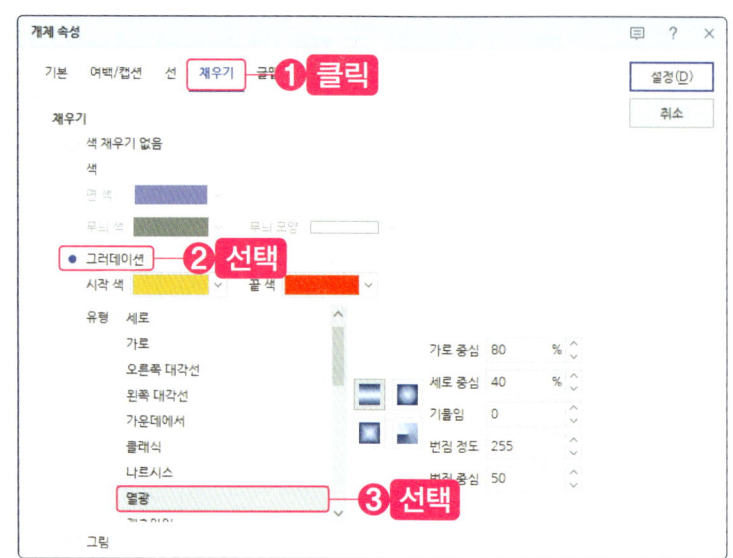

06 〔글맵시〕 탭을 클릭하고 '비연속'을 선택한 후 색과 X 위치, Y 위치를 지정한 다음 〔설정〕을 클릭해요.

- 그림자
  색 : 검정(RGB: 0,0,0)
  X 위치 : 2 %
  Y 위치 : 2 %

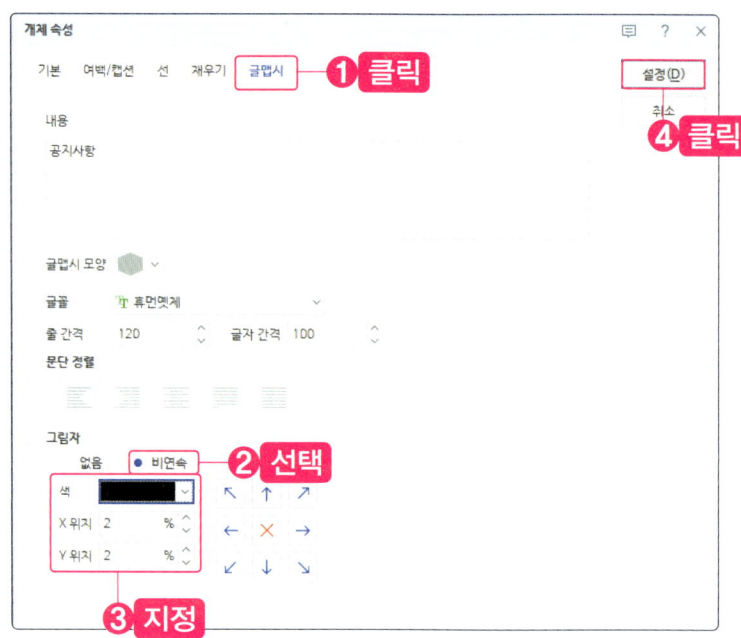

3 '오늘의 급식' 글맵시로 입력하기

01 〔입력〕 탭-〔글맵시(	)〕를 선택해요.

02 〔글맵시 만들기〕 대화상자가 나타나면 내용(오늘의 급식)을 입력하고 글맵시 모양과 글꼴을 선택한 후 〔설정〕을 클릭해요.

- 글맵시 모양 : 아래쪽 리본 사각형( )
- 글꼴 : HY울릉도B

03 글맵시가 삽입되면 위치를 이동하고 크기를 조절한 후 글맵시를 더블클릭해요.

04 [개체 속성] 대화상자가 나타나면 [채우기] 탭에서 그러데이션을 선택하고 유형(천국과 지옥)을 선택해요.

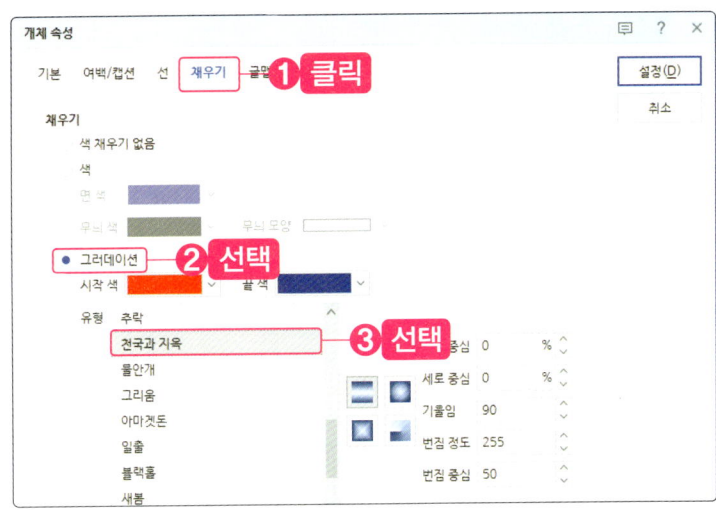

05 [글맵시] 탭을 클릭하고 '비연속'을 선택한 후 색과 X 위치, Y 위치를 지정한 다음 [설정]을 클릭해요.

- 그림자
  색 : 검정(RGB: 0,0,0)
  X 위치 : 2 %
  Y 위치 : 2 %

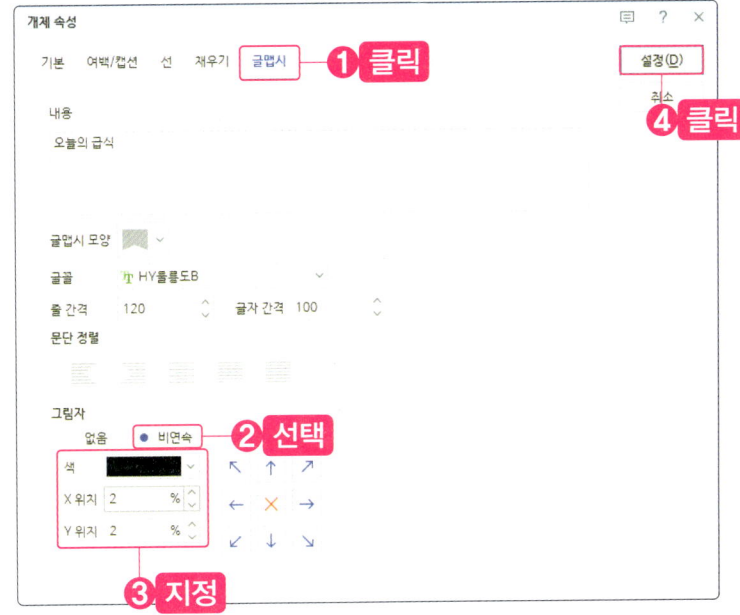

06 다음과 같이 글맵시가 작성돼요.

1 〔3차시〕 폴더의 '미세먼지 대응안내.hwpx' 파일을 열고 글맵시로 다음과 같이 제목을 작성해 보세요.

- 예제 파일 : 3차시\미세먼지 대응안내.hwpx 　　완성 파일 : 3차시\미세먼지 대응안내_완성.hwpx

3.27일 자로 PM 2.5(초미세먼지) 환경기준, 예보기준이 세계보건기구(WHO) 수준으로 강화되었습니다. 바뀐 기준에 대해 알려드리며, 미세먼지 농도를 확인할 수 있는 방법을 안내·홍보하고자 합니다. 다음을 참고하시어 일상생활에서 자녀들과 함께 미세먼지에 대해 경각심을 가지며 안전하게 생활할 수 있도록 해 주십시오. 감사합니다.

미세먼지(PM10), 초미세먼지(PM2.5)의 크기 비교

구 분		개정 전	개정 후
PM2.5 대기환경기준	연간 평균치	25㎍/㎥ 이하	15㎍/㎥ 이하
	24시간 기준치	50㎍/㎥ 이하	35㎍/㎥ 이하
PM2.5 예보기준	좋음	0~15㎍/㎥	0~15㎍/㎥
	보통	16~50㎍/㎥	16~35㎍/㎥
	나쁨	51~100㎍/㎥	36~75㎍/㎥
	매우나쁨	101㎍/㎥ 이상	76㎍/㎥ 이상

3월 27일자로 변경되는 대기환경기준, 예보기준

- 글맵시 ⇒ 내용 : 미세먼지 대응 안내, 글꼴 : 휴먼옛체, 글맵시 모양 : 갈매기형 수장(▱)
- 개체 속성
  〔선〕 탭 ⇒ 선 종류 : 실선
  〔채우기〕 탭 ⇒ 면 색 : 노랑(RGB: 255,215,0)
  〔글맵시〕 탭 ⇒ 그림자 : 비연속, 색 : 검정(RGB: 0,0,0), X 위치 : 2 %, Y 위치 : 2 %

Lesson 04

문단 정렬하기

- 문단 모양을 변경하는 방법에 대해 학습해요.
- 복사하고 붙여넣기 기능에 대해 학습해요.

문서를 꾸미기 위해서는 글자 모양 외에도 문단을 꾸며야해요. 문단은 Enter를 누르면 나누어지는 것으로 〔문단 모양〕 대화상자를 이용하여 문단의 왼쪽/오른쪽 여백, 들여쓰기, 내어쓰기, 정렬 방법, 줄 간격 등 다양한 모양을 지정할 수 있어요. 〔문단 모양〕을 지정하는 방법에 대해 학습하도록 해요.

⚙ **예제 파일** : 4차시\문단정렬연습.hwpx　　⚙ **완성 파일** : 4차시\문단정렬연습_완성.hwpx

문단 모양 정렬하기

왼쪽 정렬　　　　　　　가운데 정렬　　　　　　　　　　　오른쪽 정렬

> 문단 모양으로 문서의 내용을 여러 기준으로 정렬할 수 있어요.

줄 간격 연습예제

줄 간격 100%, 왼쪽 여백 30pt

1. 3D 프린팅 기술 개념 : 플라스틱 액체와 같은 원료를 사출해 3차원 모양의 고체 물질을 자유롭게 찍어내는 기술을 말하며, 산업용 샘플을 찍어내던 것에서 발전해 시계, 신발, 휴대전화 케이스, 자동차 부속품까지 출력이 가능한 기술입니다. 3D기술을 활용하면 비용 효율성을 높일 수 있기 때문에 변화가 빠른 제조업 분야에 활용도가 높고 일본, 미국 등에서는 본격 상용화가 시작되었습니다.

> 줄간격도 조절할 수 있어요.

줄 간격 130%, 오른쪽 여백 30pt

1. 3D 프린팅 기술 개념 : 플라스틱 액체와 같은 원료를 사출해 3차원 모양의 고체 물질을 자유롭게 찍어내는 기술을 말하며, 산업용 샘플을 찍어내던 것에서 발전해 시계, 신발, 휴대전화 케이스, 자동차 부속품까지 출력이 가능한 기술입니다. 3D기술을 활용하면 비용 효율성을 높일 수 있기 때문에 변화가 빠른 제조업 분야에 활용도가 높고 일본, 미국 등에서는 본격 상용화가 시작되었습니다.

줄 간격 180%, 왼쪽 여백 10pt, 오른쪽 여백 10pt

1. 3D 프린팅 기술 개념 : 플라스틱 액체와 같은 원료를 사출해 3차원 모양의 고체 물질을 자유롭게 찍어내는 기술을 말하며, 산업용 샘플을 찍어내던 것에서 발전해 시계, 신발, 휴대전화 케이스, 자동차 부속품까지 출력이 가능한 기술입니다. 3D기술을 활용하면 비용 효율성을 높일 수 있기 때문에 변화가 빠른 제조업 분야에 활용도가 높고 일본, 미국 등에서는 본격 상용화가 시작되었습니다.

줄 간격 200%, 들여쓰기 10pt

1. 3D 프린팅 기술 개념 : 플라스틱 액체와 같은 원료를 사출해 3차원 모양의 고체 물질을 자유롭게 찍어내는 기술을 말하며, 산업용 샘플을 찍어내던 것에서 발전해 시계, 신발, 휴대전화 케이스, 자동차 부속품까지 출력이 가능한 기술입니다. 3D기술을 활용하면 비용 효율성을 높일 수 있기 때문에 변화가 빠른 제조업 분야에 활용도가 높고 일본, 미국 등에서는 본격 상용화가 시작되었습니다.

1 문단 모양 정렬하기

01 〔4차시〕 폴더에서 '문단정렬연습.hwpx' 파일을 열고 '왼쪽 정렬' 문단에 커서를 위치한 후〔서식〕탭-〔문단 모양〕을 클릭해요.

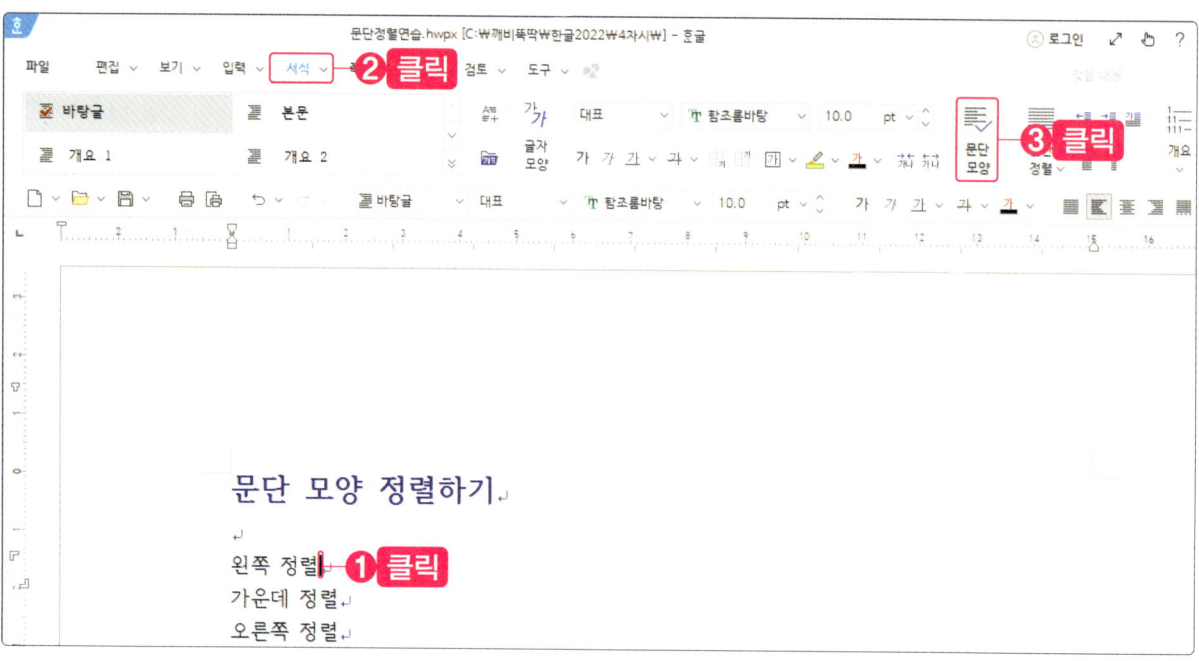

- 문단 모양 : Alt + T
- 〔문단 모양〕 대화상자는 한글에서 자주 사용해요. 단축키를 사용하면 빠르게 지정할 수 있어요.

02 〔문단 모양〕 대화상자가 나타나면 〔기본〕 탭에서 〔왼쪽 정렬(≡)〕을 선택하고 〔설정〕을 클릭해요.

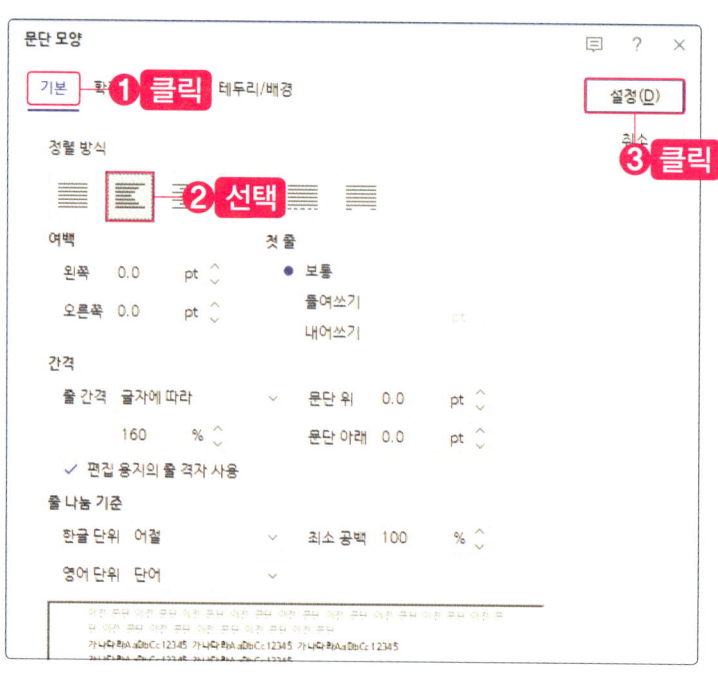

03 '가운데 정렬' 문단에 커서를 위치하고 〔서식〕 탭-〔문단 모양〕을 클릭해요.

04 〔문단 모양〕 대화상자가 나타나면 〔기본〕 탭에서 〔가운데 정렬(≡)〕을 선택하고 〔설정〕을 클릭해요.

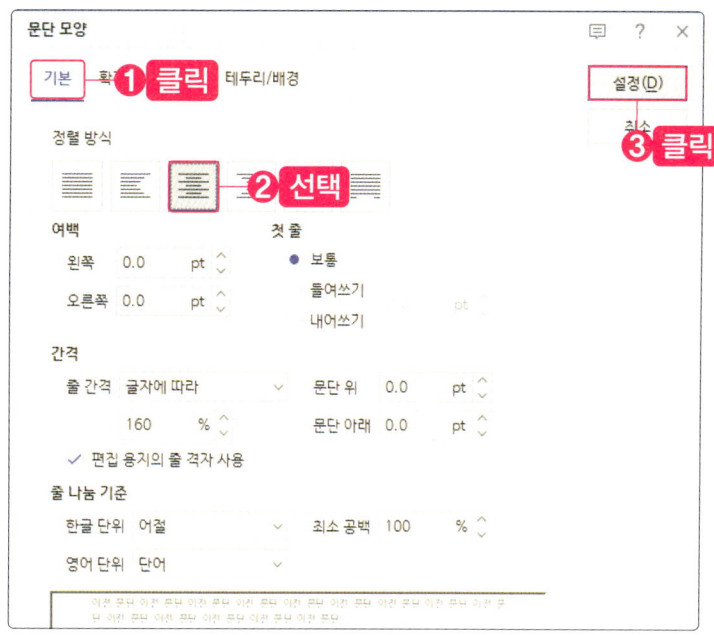

05 '오른쪽 정렬' 문단에 커서를 위치하고 〔서식〕 탭-〔문단 모양〕을 선택해요.

06 〔문단 모양〕 대화상자가 나타나면 〔기본〕 탭에서 〔오른쪽 정렬(≡)〕을 선택하고 〔설정〕을 클릭해요.

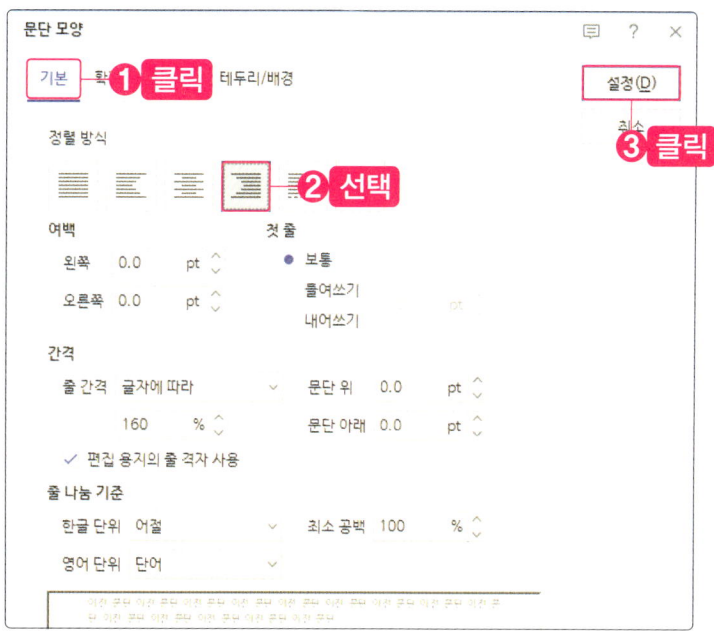

07 다음과 같이 왼쪽 정렬, 가운데 정렬, 오른쪽 정렬이 돼요.

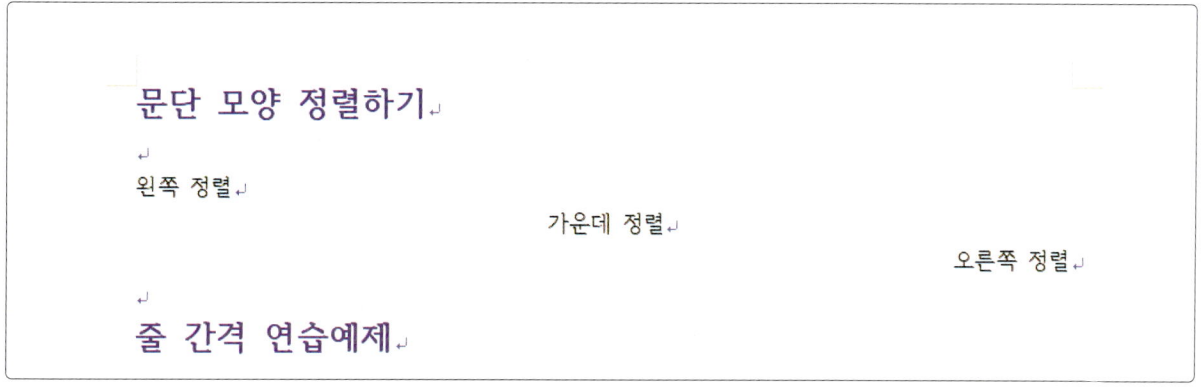

2 문단 내용 복사하고 붙여넣기

01 줄 간격 100%의 내용을 드래그하여 블록으로 지정하고 복사(Ctrl+C)를 해요.

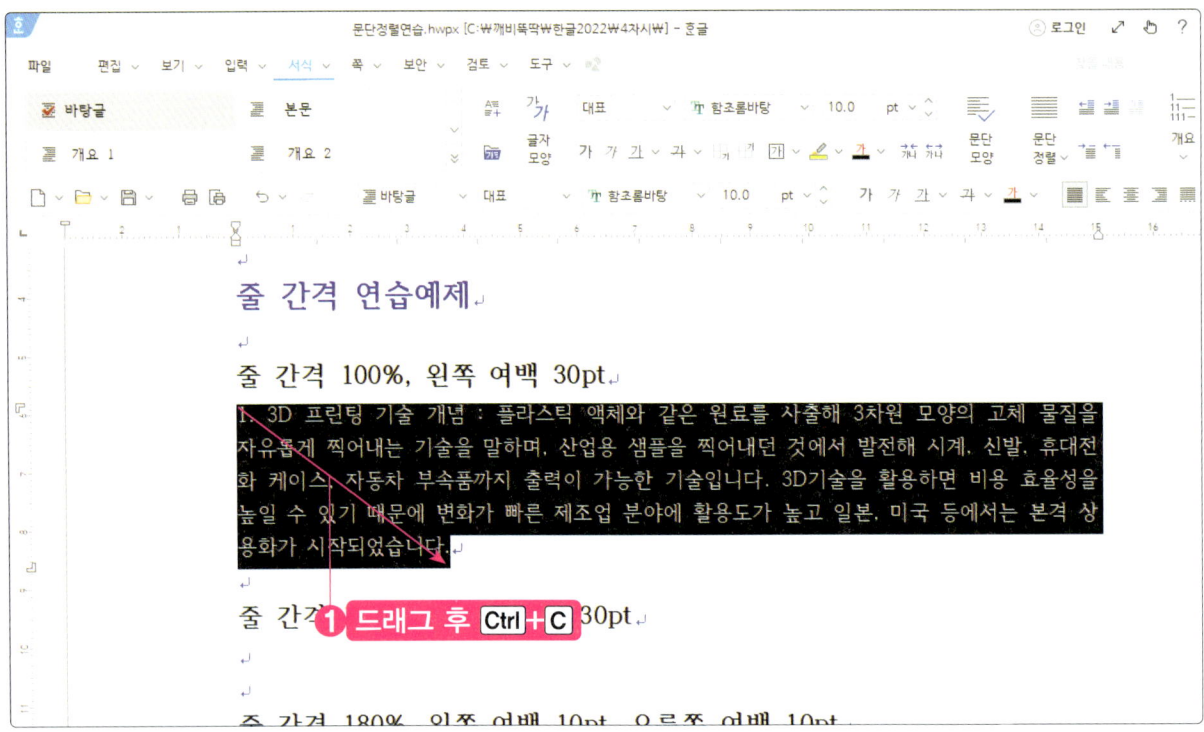

02 줄 간격 130% 아래 문단을 클릭하고 붙여넣기(Ctrl+V)를 해요.

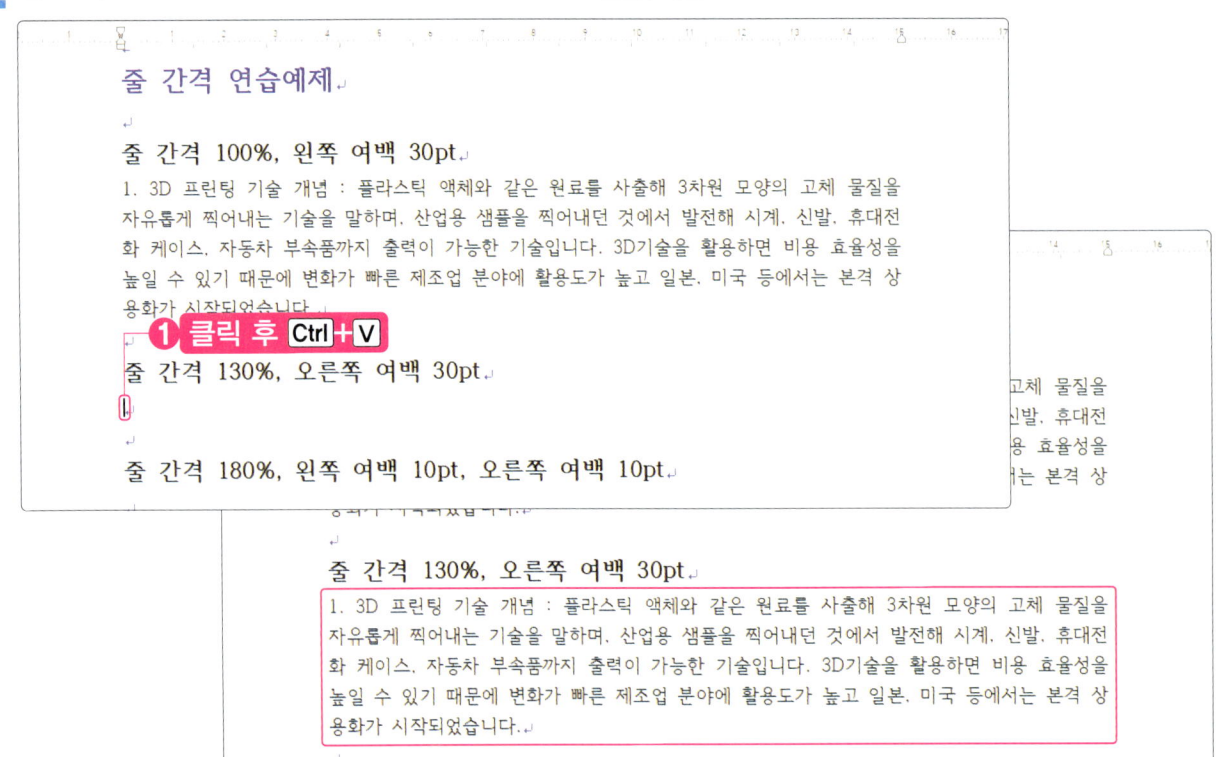

복사하기(Ctrl+C)를 누른 후 ➡ 복사할 위치 클릭 ➡ 붙여넣기(Ctrl+V)를 해서 복사해요.

03 같은 방법으로 줄간격 180%, 200%에 붙여넣기(Ctrl+V)를 해요.

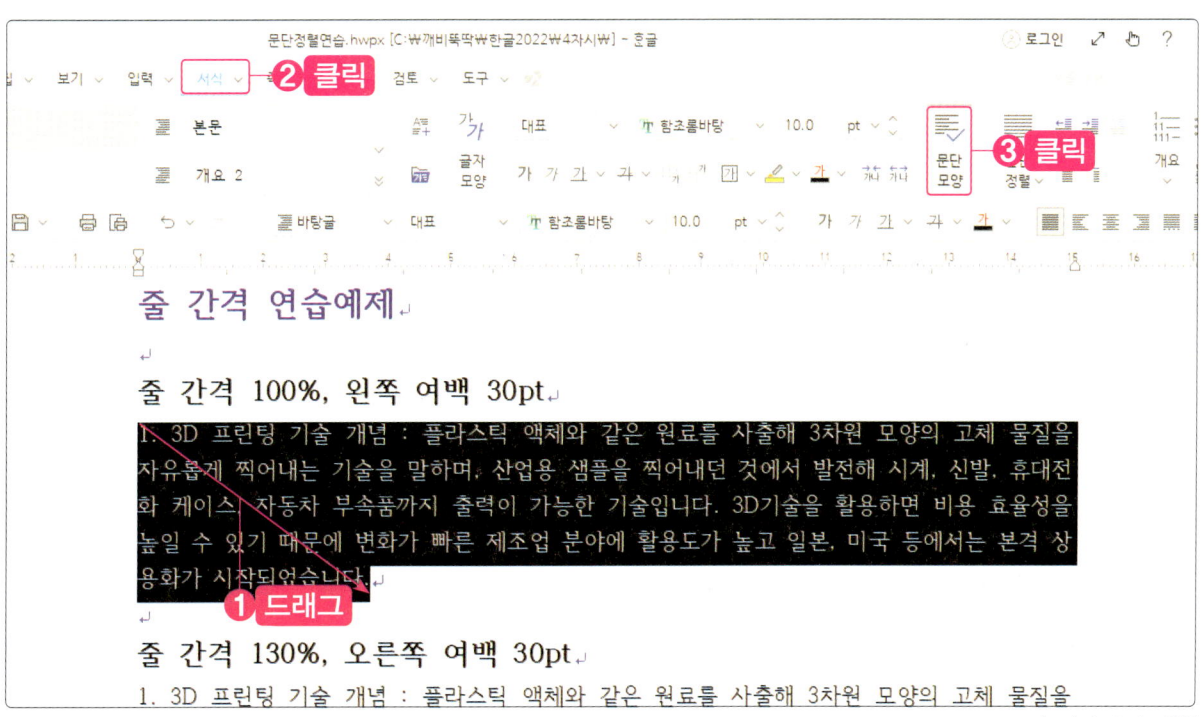

> 한 번 복사된 내용은 다른 내용을 복사하기(Ctrl+C) 전까지 컴퓨터는 계속 기억하고 있어요. 그래서 붙여넣기(Ctrl+V)를 여러번 사용할 수가 있어요.

3 줄 간격과 문단 여백 지정하기

01 줄 간격 100%의 내용을 드래그하여 블록으로 지정하고 [서식] 탭-[문단 모양]을 클릭해요.

Lesson 04 · 문단 정렬하기 27

02 〔문단 모양〕 대화상자가 나타나면 〔기본〕 탭에서 왼쪽 여백과 줄 간격을 지정하고 〔설정〕을 클릭해요.

- 왼쪽 여백 : 30pt
- 줄 간격 : 100%

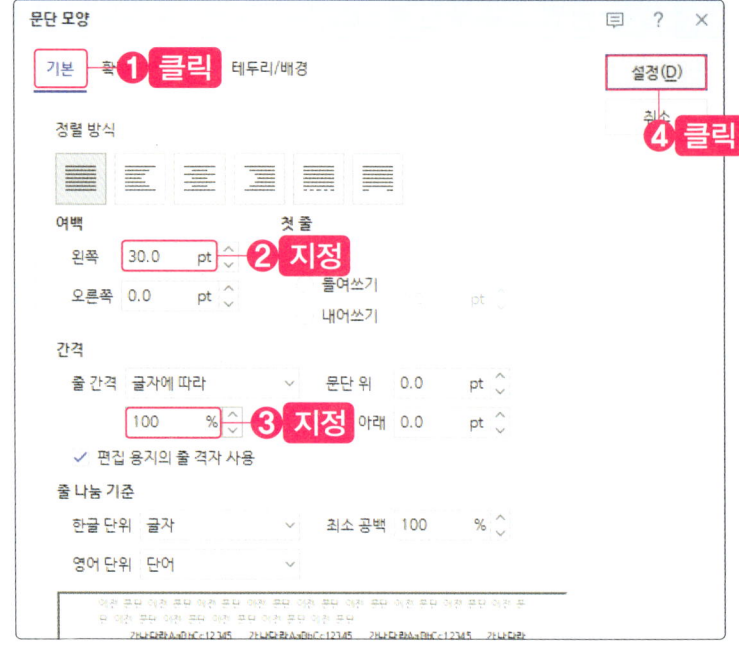

> 줄 간격은 앞 줄과 그 다음 줄의 간격을 말해요. 한글 프로그램에서는 줄 간격의 기본값이 160%으로 설정되어 있으며 160% 보다 작은 숫자로 줄 간격을 입력하면 숫자만큼 좁아지고 160%보다 큰 숫자를 입력하면 그만큼 앞 줄과 뒷 줄의 간격이 넓어져요.

03 같은 방법으로 줄 간격 130%, 180%, 200% 문단을 지정해요.

줄 간격 130%, 오른쪽 여백 30pt

1. 3D 프린팅 기술 개념 : 플라스틱 액체와 같은 원료를 사출해 3차원 모양의 고체 물질을 자유롭게 찍어내는 기술을 말하며, 산업용 샘플을 찍어내던 것에서 발전해 시계, 신발, 휴대전화 케이스, 자동차 부속품까지 출력이 가능한 기술입니다. 3D기술을 활용하면 비용 효율성을 높일 수 있기 때문에 변화가 빠른 제조업 분야에 활용도가 높고 일본, 미국 등에서는 본격 상용화가 시작되었습니다.

줄 간격 180%, 왼쪽 여백 10pt, 오른쪽 여백 10pt

1. 3D 프린팅 기술 개념 : 플라스틱 액체와 같은 원료를 사출해 3차원 모양의 고체 물질을 자유롭게 찍어내는 기술을 말하며, 산업용 샘플을 찍어내던 것에서 발전해 시계, 신발, 휴대전화 케이스, 자동차 부속품까지 출력이 가능한 기술입니다. 3D기술을 활용하면 비용 효율성을 높일 수 있기 때문에 변화가 빠른 제조업 분야에 활용도가 높고 일본, 미국 등에서는 본격 상용화가 시작되었습니다.

줄 간격 200%, 들여쓰기 10pt

1. 3D 프린팅 기술 개념 : 플라스틱 액체와 같은 원료를 사출해 3차원 모양의 고체 물질을 자유롭게 찍어내는 기술을 말하며, 산업용 샘플을 찍어내던 것에서 발전해 시계, 신발, 휴대전화 케이스, 자동차 부속품까지 출력이 가능한 기술입니다. 3D기술을 활용하면 비용 효율성을 높일 수 있기 때문에 변화가 빠른 제조업 분야에 활용도가 높고 일본, 미국 등에서는 본격 상용화가 시작되었습니다.

① 〔4차시〕 폴더에서 '자전거 안전수칙.hwpx' 파일을 열고 다음의 조건에 맞게 문서를 완성해 보세요.

- 예제 파일 : 4차시\자전거 안전수칙.hwpx   완성 파일 : 4차시\자전거 안전수칙_완성.hwpx

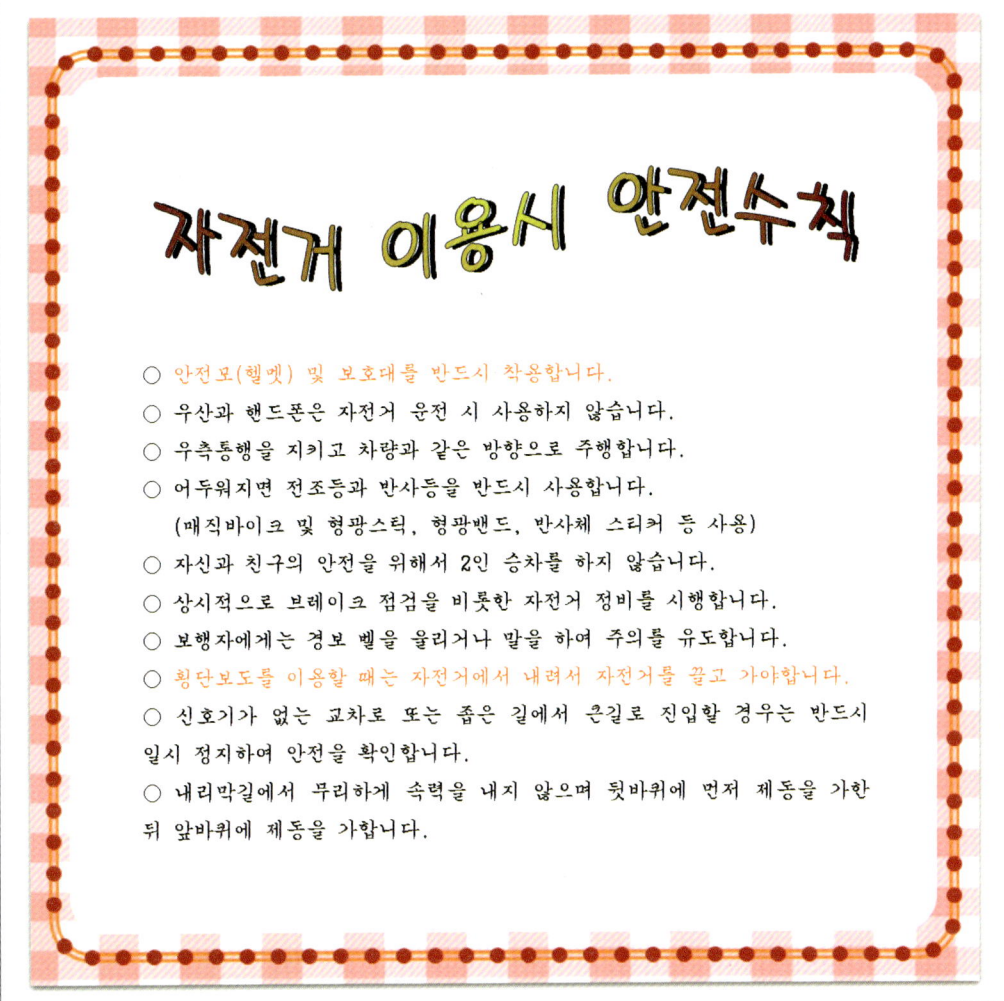

1. 글맵시 제목
   - 내용 : 자전거 이용시 안전수칙, 글꼴 : MD개성체, 글맵시 모양 : 물결 1( )
   - 개체 속성
     〔선〕 탭 ⇒ 선 종류 : 실선
     〔채우기〕 탭 ⇒ 그러데이션 : 유형(그리움)
     〔글맵시〕 탭 ⇒ 그림자 : 비연속, 색 : 검정(RGB: 0,0,0) 50% 밝게, X 위치 : 1 %, Y 위치 : 1 %

2. 본문
   - 글꼴 : 궁서체, 글자 크기 : 12pt, 글자 색 : 주황(RGB: 255,132,58)
   - 줄 간격 : 180%

Lesson 05

배울 수 있어요!

◆ 문서 배경을 이미지로 넣을 수 있어요.
◆ 문서 테두리를 넣고 색상도 변경해요.
◆ 완성한 편지지로 친구나, 선생님, 부모님께 편지를 써 보아요.

문서에 배경을 넣어 편지지 만들기

한글로 문서를 작성하다 보면 문서 배경에 그림이나, 색상을 넣어야 하는 경우가 있어요. 특히 편지지나, 초청장을 만들 때 문서 배경을 넣어 예쁘게 문서를 만들 때 주로 많이 사용하는 기능이에요. 오늘은 편지지를 만드는 방법에 대해 학습하도록 해요.

❁ **예제 파일** : 없음   ❁ **완성 파일** : 5차시\선생님께 편지쓰기_완성.hwpx

김이쁜 선생님께...

사랑하는 김이쁜 선생님 안녕하세요.

매일 매일의 방과후 수업이 재밌어요.

선생님 아프지 말고 건강하세요.

(신종 코로나 조심하세요.)

선생님 사랑해요.

이건 올림

> 편지 내용을 입력하고 글자 모양(Alt+L)과 문단 모양(Alt+T)을 변경해요.

> 문서 배경을 예쁜 편지지 배경 그림으로 변경해요.

1 쪽 배경을 지정하기

01 한글을 실행하고 [쪽] 탭-[쪽 테두리/배경]을 클릭해요.

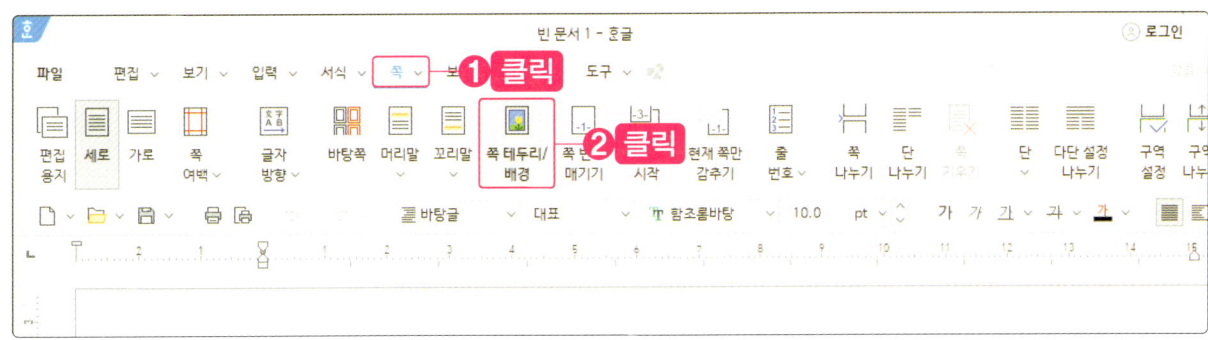

02 [쪽 테두리/배경] 대화상자가 나타나면 [배경] 탭에서 [그림]을 선택하고 [그림 선택(📂)] 클릭해요.

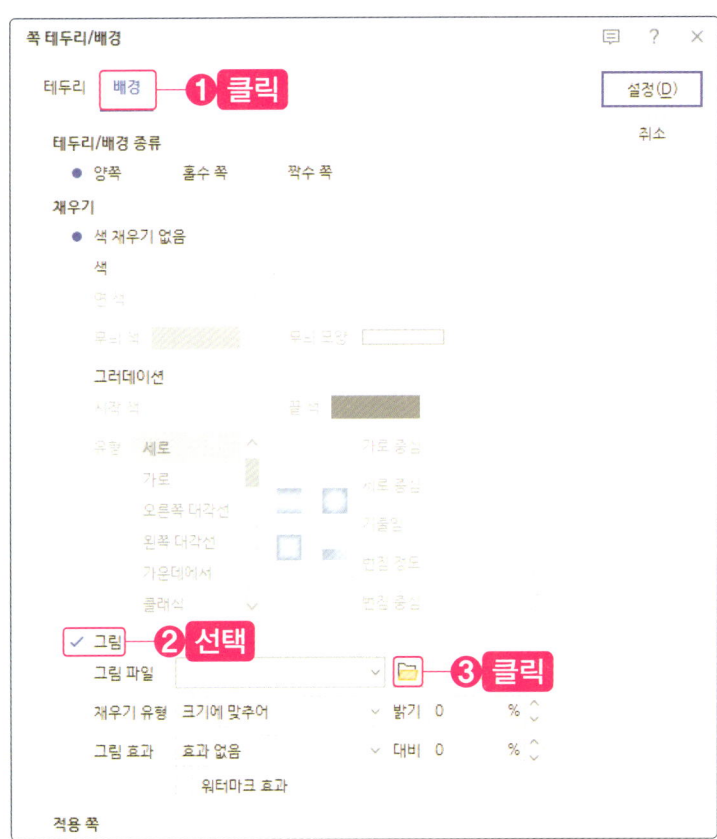

[그림 넣기] 대화상자가 자동으로 나타나지 않으면 [그림 선택(📂)]을 클릭해요.

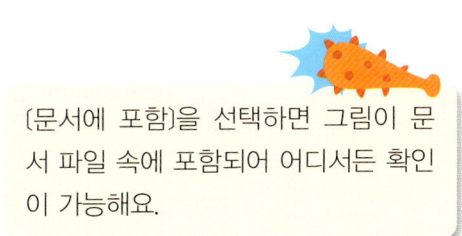

03 [그림 넣기] 대화상자가 나타나면 [5차시] 폴더에서 '편지지1.png' 파일을 선택하고 [열기]를 클릭해요.

[문서에 포함]을 선택하면 그림이 문서 파일 속에 포함되어 어디서든 확인이 가능해요.

Lesson 05 • 문서에 배경을 넣어 편지지 만들기 31

04 〔쪽 테두리/배경〕 대화상자가 다시 나타나면 〔테두리〕 탭을 클릭하고 테두리를 지정한 후 〔모두(□)〕를 선택한 다음 위치를 지정하고 〔설정〕을 클릭해요.

- 테두리
  종류 : 원형 점선
  굵기 : 1mm
  색 : 주황(RGB: 255,132,58) 60% 밝게
- 위치
  왼쪽/위쪽/오른쪽/아래쪽 : 13mm

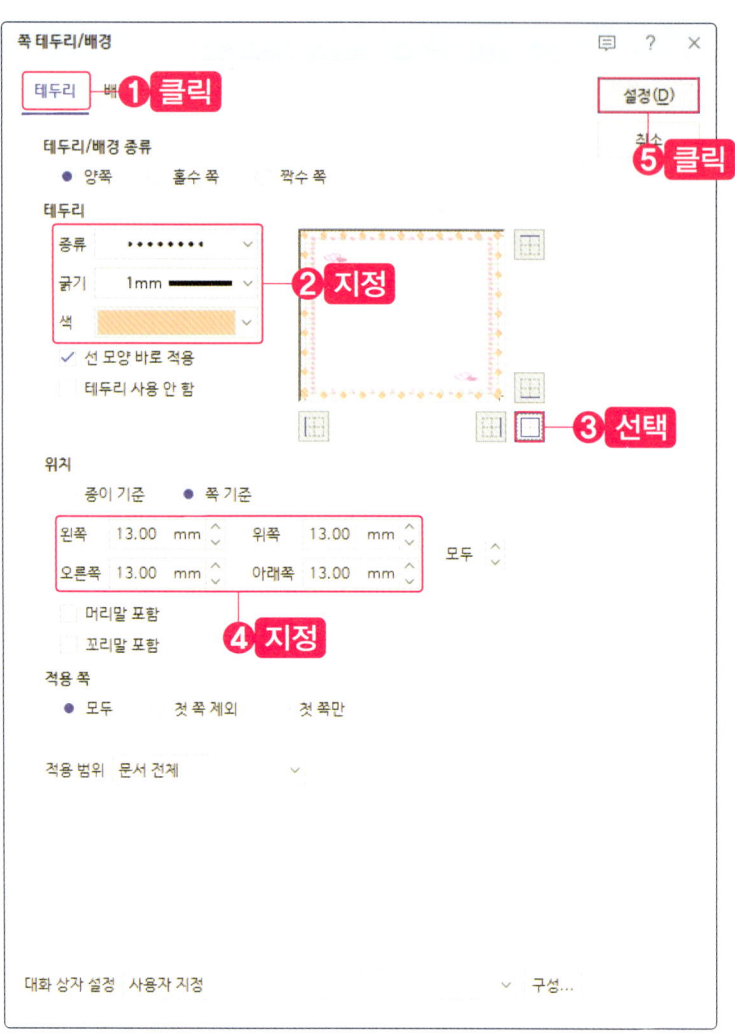

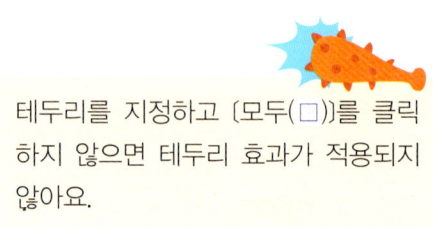

테두리를 지정하고 〔모두(□)〕를 클릭하지 않으면 테두리 효과가 적용되지 않아요.

05 다음과 같이 문서에 쪽 테두리 및 배경이 지정돼요.

쪽 테두리/배경은 다양하게 지정할 수 있어요.

〔색〕을 지정
- 면 색 : 노랑(RGB: 255,215,0)
- 무늬 색 : 주황(RGB: 255,132,58)
- 무늬 모양 : 체크 무늬

〔그러데이션〕을 지정
- 유형 : 하늬바람

〔그림〕을 지정
- 그림 : 하늘배경.png
- 밝기 : 50%
- 대비 : -50%
- 테두리
  종류 : 이중 실선
  굵기 : 2mm
  색 : 남색(RGB: 51,51,153)
- 위치
  왼쪽/위쪽/오른쪽/아래쪽 : 10mm

Lesson 05 • 문서에 배경을 넣어 편지지 만들기

2 편지 내용 입력하기

01 편지 내용을 입력하기 위해 [서식] 탭-[글자 모양]을 클릭해요.

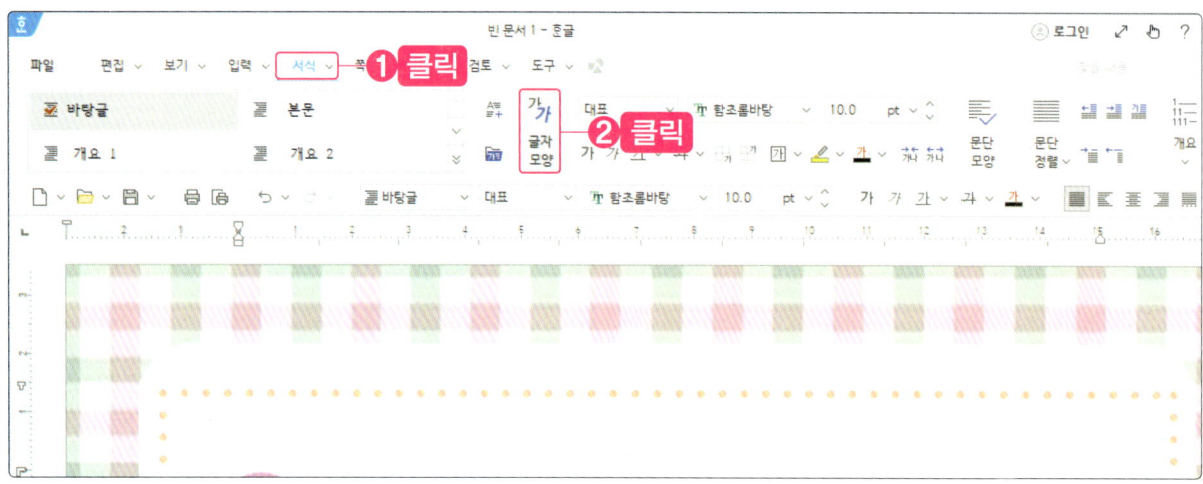

02 [글자 모양] 대화상자가 나타나면 [기본] 탭에서 기준 크기와 글꼴을 선택하고 속성을 선택한 후 [설정]을 클릭해요.

- 기준 크기 : 18pt
- 글꼴 : HY엽서M
- 속성 : 진하게(가)

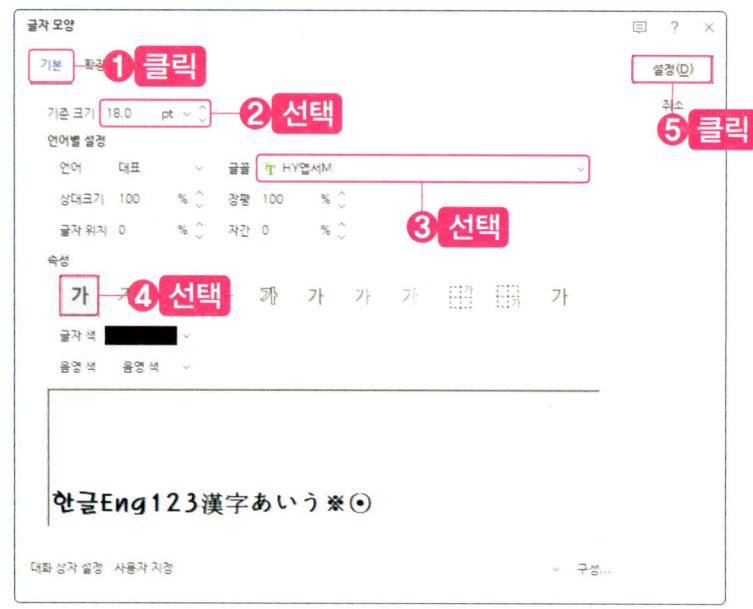

03 [서식] 탭-[문단 모양]을 클릭해요.

04 〔문단 모양〕 대화상자가 나타나면 〔기본〕 탭에서 문단 위 간격을 지정해요.

- 문단 위 : 20pt

05 〔테두리/배경〕 탭을 클릭하고 테두리를 지정한 후 〔아래(_)〕를 선택한 다음 〔설정〕을 클릭해요.

- 테두리
  종류 : 실선
  굵기 : 0.5mm
  색 : 주황(RGB: 255,132,58) 60% 밝게

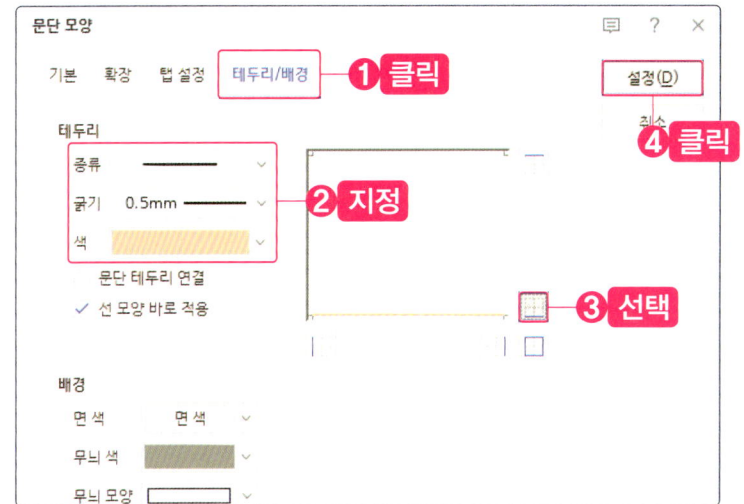

06 다음과 같이 편지 내용을 입력해요.

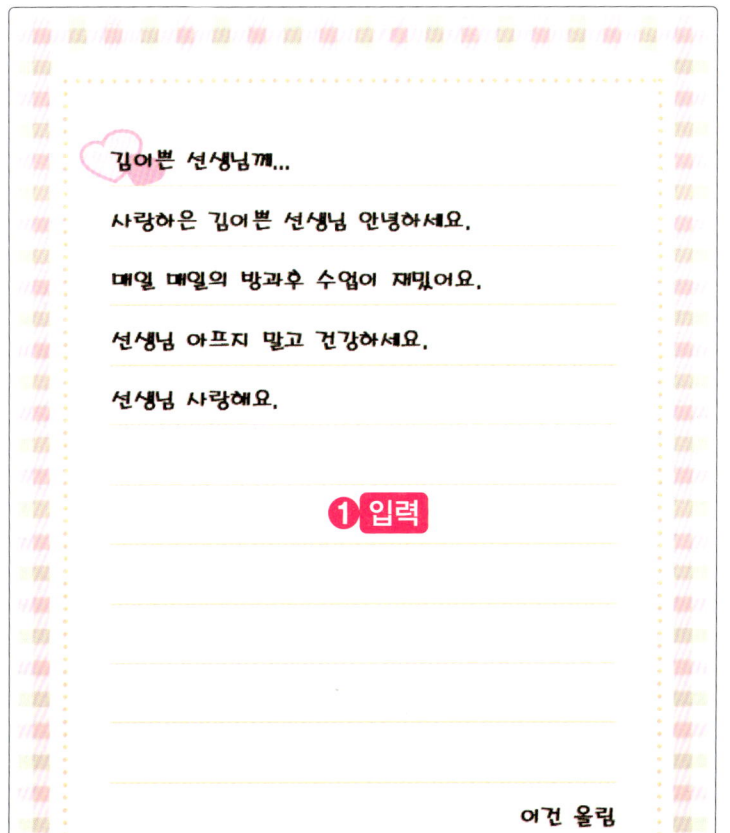

편지 내용은 자유롭게 작성해요.

Lesson 05 • 문서에 배경을 넣어 편지지 만들기

오늘 수업의 미션!

1 (5차시) 폴더에서 마음에 드는 편지지 배경을 선택하고 편지를 작성해 보세요.

- 예제 파일 : 없음   완성 파일 : 5차시\부모님께 편지쓰기_완성.hwpx

- 전체
  배경 그림 : 편지지배경3.png
  글꼴 : 한컴 말랑말랑 Bold
  줄 간격 : 200%

- 제목
  글자 크기 : 30pt
  정렬 : 가운데 정렬(홀)

- 내용
  글자 크기 : 20pt

- 작성일자 및 작성자
  정렬 : 가운데 정렬(홀)

사랑하는 엄마, 아빠

안녕하세요?
저는 엄마 아빠의 이쁜 딸 김이쁜이에요.
오늘 컴퓨터 수업 시간에 편지를 쓰고 있어요.
컴퓨터 공부 열심히 해서 좀 더 자주 많이 쓸게요.

엄마 아빠 사랑해요.

2025. 3. 24

김이쁜 올림

편지지 배경 이미지는 (5차시) 폴더에 예제로 준비되어 있어요. 편지지 배경은 마음에 드는 배경으로 선택하여 나만의 편지를 만들어 보세요.

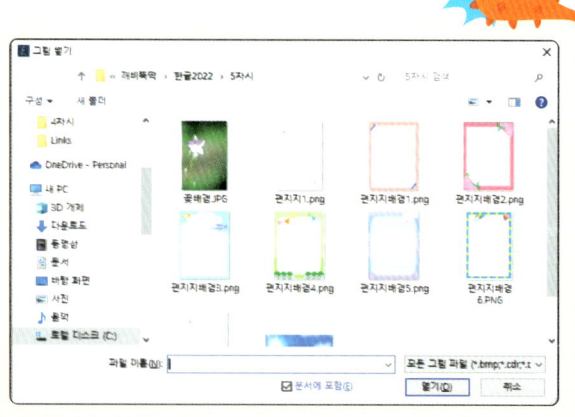

Lesson 06

배울 수 있어요!

◆ 특수문자를 입력할 수 있어요.
◆ 특수문자로 비밀문서를 만들고 해석해요.

비밀 문서 만들기

키보드에 없는 글자를 사용하려면 특수문자를 사용하면 되는데 특수문자를 입력하는 방법에 대해 알아보아요. 특수문자를 입력하는 방법을 배우고 특수 문자로 비밀문서를 만들고 친구에게 비밀문서로 비밀 편지를 보내는 방법에 대해 학습하도록 해요.

☼ **예제 파일** : 6차시\비밀문서.hwpx   ☼ **완성 파일** : 6차시\비밀문서_완성.hwpx

비밀문서 표

ㄱ	ㄴ	ㄷ	ㄹ	ㅁ	ㅂ	ㅅ	ㅇ	ㅈ	ㅊ
♥	♠	◐	♫	◆	■	★	♀	♨	¥

ㅋ	ㅌ	ㅍ	ㅎ	ㅏ	ㅑ	ㅓ	ㅕ	ㅗ	ㅛ
?	∋	♭	♂	ω	Φ	Θ	▩	₿	⋒

ㅜ	ㅠ	ㅡ	ㅣ	ㅐ	ㅔ				
⌐	⌐	∞	ϟ	Ψ	⌐				

> 특수문자를 입력하여 비밀문서 표를 만들어요.

비밀문서 만들기

비 밀 문 서	해 석
♀ω♠♠▩♀?	→ 안녕?
♀⌐♫ϟ ♀₿♠∞♫	→ 우리 오늘
♀⌐ ◆ω♠♠♨ω	→ 3시에 만나자

> 만든 암호표로 문장을 만들어요.

 비밀문서 표 만들기

01 〔6차시〕 폴더의 '비밀문서.hwpx' 파일을 열고 〔입력〕 탭-〔문자표〕-〔문자표〕를 클릭해요.

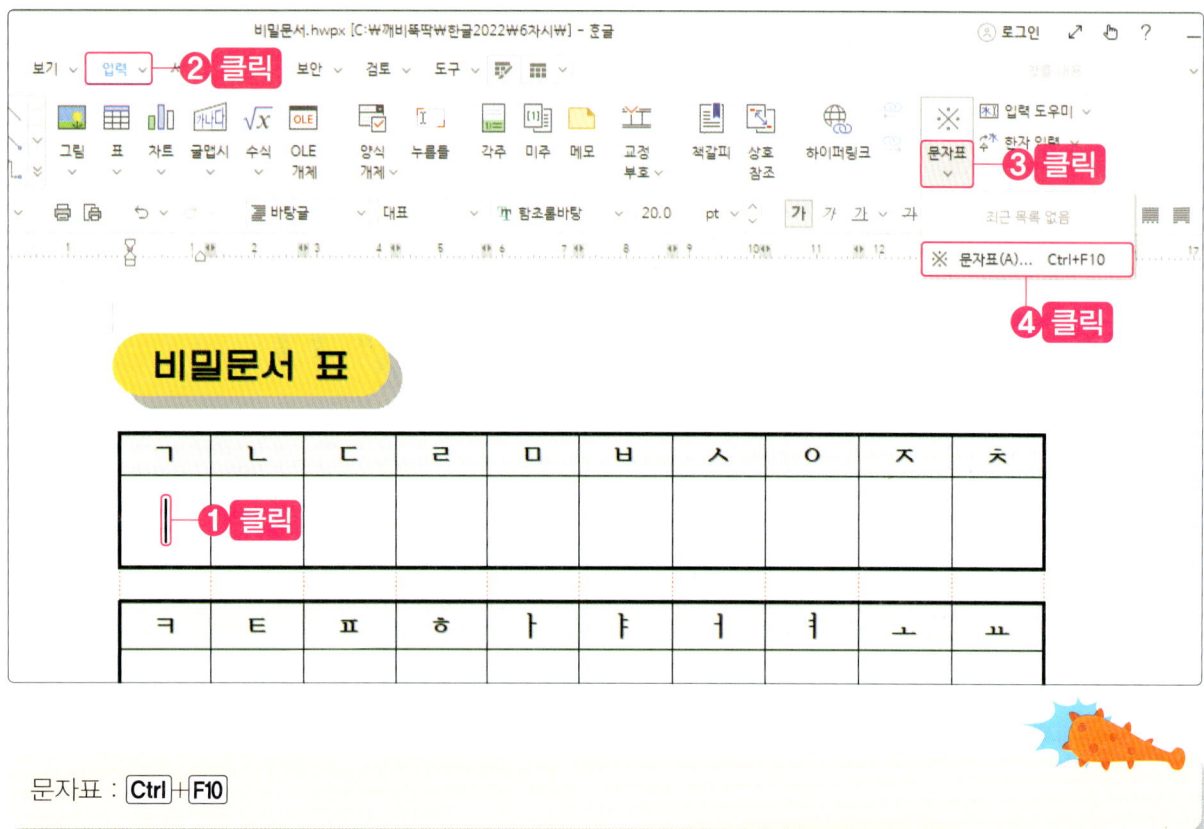

문자표 : Ctrl + F10

02 〔문자표 입력〕 대화상자가 나타나면 〔한글(HNC) 문자표〕 탭을 클릭하고 〔문자 영역〕 '전각 기호(일반)'를 클릭한 후 '♥'를 선택한 다음 〔넣기〕를 클릭해요.

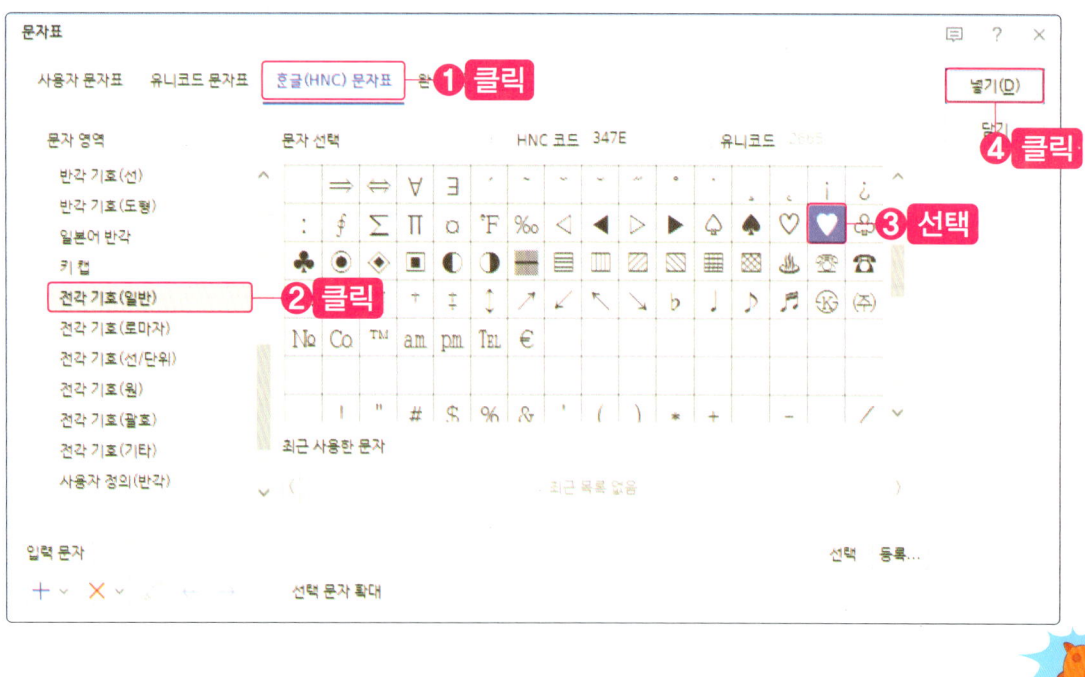

비밀문서 표는 내가 정하고 싶은 모양으로 만들어도 좋아요.

03 같은 방법으로 나머지 비밀문서 표에 특수문자를 입력해서 완성해요.

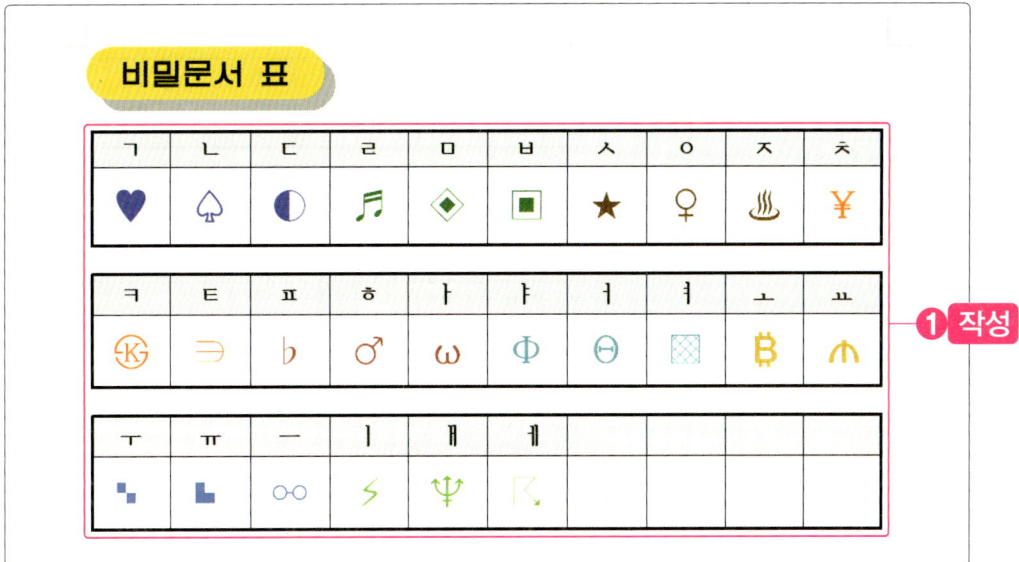

2 비밀문서 만들기

01 비밀문서를 만들 기호를 비밀문서 표에서 드래그하여 복사(Ctrl+C)하고 비밀문서에 붙여넣기(Ctrl+V)를 해요.

02 같은 방법으로 복사/붙여넣기로 첫 번째 비밀문서를 작성해요.
- 맞춤 : 가운데 정렬(≡)

03 같은 방법으로 나머지 비밀문서를 작성해요.

04 연습이 끝났으면 [새 문서]를 열고 이번엔 정말 친구에게 비밀 편지를 적어보세요. 참 주의해야 할 점은 친구에게 비밀문서 표는 꼭 같이 전달해 줘야 친구가 해석할수 있는거 잊으면 안돼요.

1 다음 특수문자에서 주사위로 계산식을 만들어 보세요.

• 예제 파일 : 없음   완성 파일 : 6차시\주사위_완성.hwpx

👑 주사위로 계산식 👑

1) ⚁ + ⚃ = ⚄

2) ⚄ - ⚁ = ⚂

3) ⚁ × ⚂ = ⚅

4) ⚄ ÷ ⚁ = ⚁

• 제목
  글꼴 : 오이, 글자 크기 : 30pt, 글자 색 : 초록(RGB: 40,155,110), 하늘색(RGB: 97,130,214),
  정렬 : 가운데 정렬()

• 내용
  글자 크기 : 25pt
  정렬 : 가운데 정렬()

• 문자표 : [유니코드 문자표] 탭–[여러가지 기호]

Lesson 07

배울 수 있어요!
◆ 그리기마당에서 원하는 그림을 검색해서 삽입해요.
◆ 그림의 배치와 속성을 변경해요.

어항 만들기

그리기마당은 등록된 다양한 개체 중에서 원하는 개체를 가져다 그림을 쉽고 빠르게 그리는 방식을 말해요. 그리고 같은 종류의 그리기 조각끼리 한곳에 모아 놓은 것을 [그리기마당 꾸러미]라고 해요. 한글 프로그램에서 제공하는 그리기마당에서 원하는 그림을 검색하여 문서에 삽입하는 방법에 대해 학습하도록 해요.

✿ 예제 파일 : 어항.hwpx   ✿ 완성 파일 : 7차시\어항_완성.hwpx

- 개체를 회전하여 배치할 수 있어요.
- 그리기마당을 이용하여 조각 그림을 입력해요.
- 개체 속성을 변경하여 글자와 배치를 변경해요.

속담풀이

★ **가재는 게편**
"가재는 서로 비슷한 종인 게를 편든다"는 것으로, 즉 "자신과 동일하거나 비슷한 선상에 있는 사람끼리 서로 편드는 것"을 의미한다.

☆ **까마귀 날자 배 떨어진다.**
아무 관계 없이 한 일이 공교롭게도 때가 같아 어떤 관계가 있는 것처럼 의심을 받게 됨을 비유적으로 이르는 말.

✿ 예제 파일 : 속담.hwpx   ✿ 완성 파일 : 7차시\속담_완성.hwpx

그리기마당에서 조각 찾아 넣기

01 〔7차시〕 폴더의 '어항.hwpx' 파일을 열고 〔입력〕 탭-〔그림〕-〔그리기마당〕을 클릭해요.

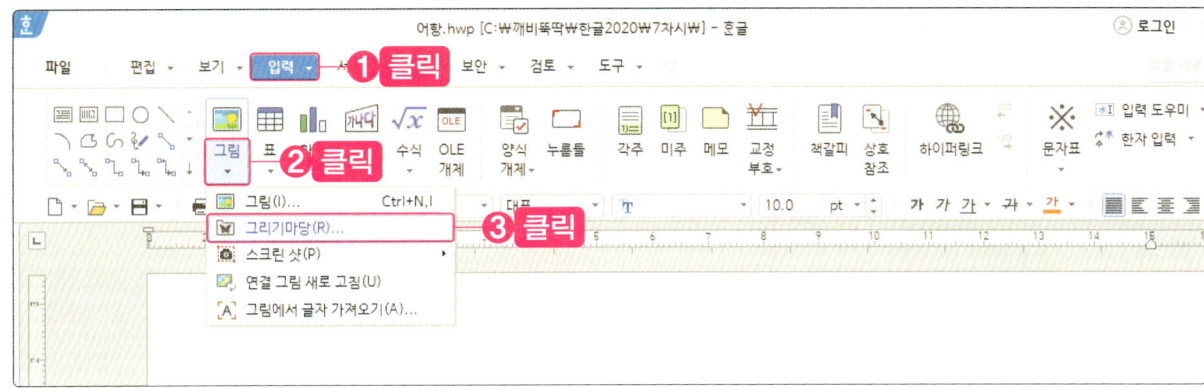

02 〔그리기마당〕 대화상자가 나타나면 〔내려받은 그리기마당〕 탭-〔클립아트 다운로드〕를 클릭해요.

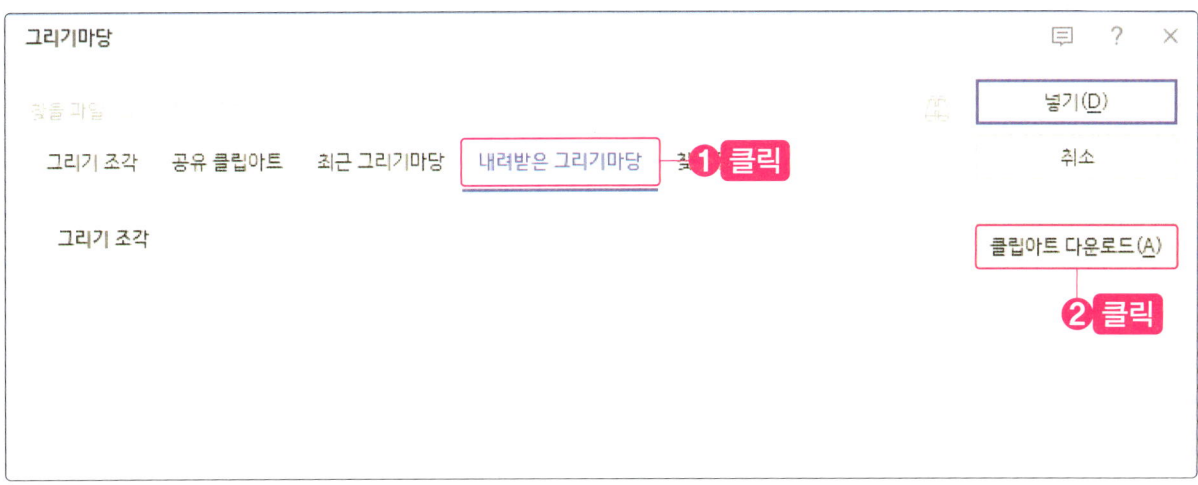

03 〔한컴 애셋〕 대화상자가 나타나면 〔그리기 조각〕 탭에서 '금붕어'를 입력하고 Enter를 눌러 검색해요. 금붕어가 검색되어 나타나면 〔내려받기(↓)〕를 클릭하고 내려받기가 완료되면 〔한글〕 대화상자에서 〔확인〕을 클릭해요. 〔닫기(×)〕를 클릭해요.

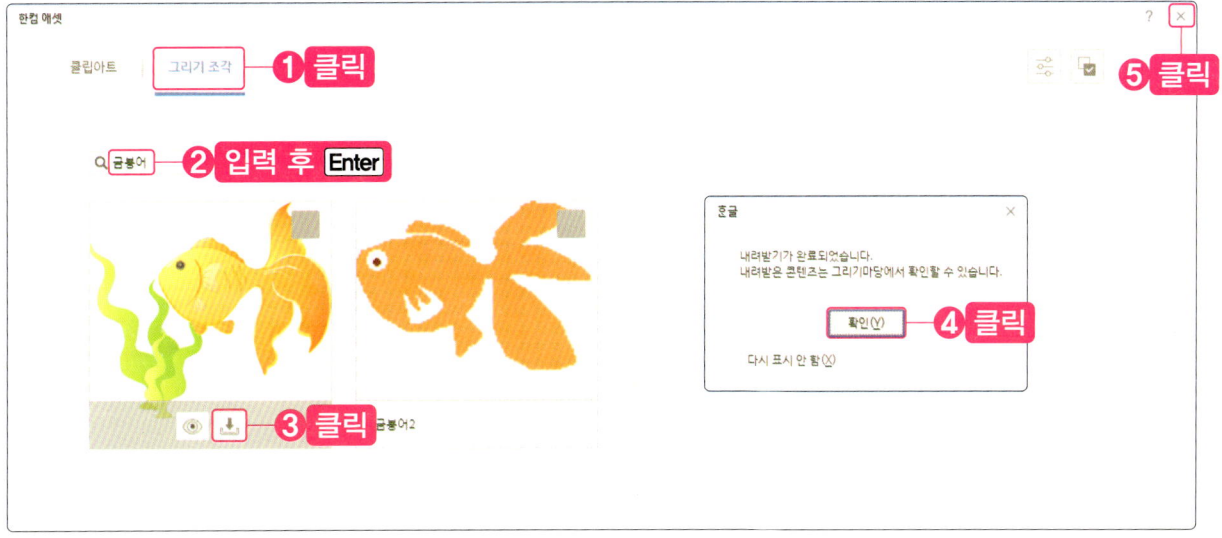

04 〔그리기마당〕 대화상자가 다시 나타나면 내려받은 '금붕어'를 선택하고 〔넣기〕를 클릭해요.

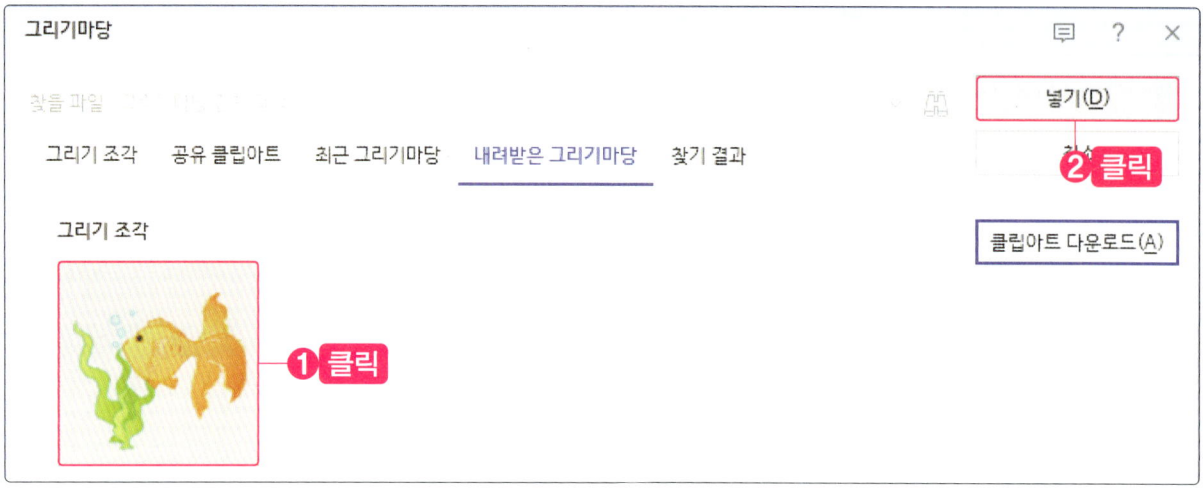

05 마우스 포인터 모양이 + 모양으로 변경되면 드래그하여 그리기 조각을 삽입해요.

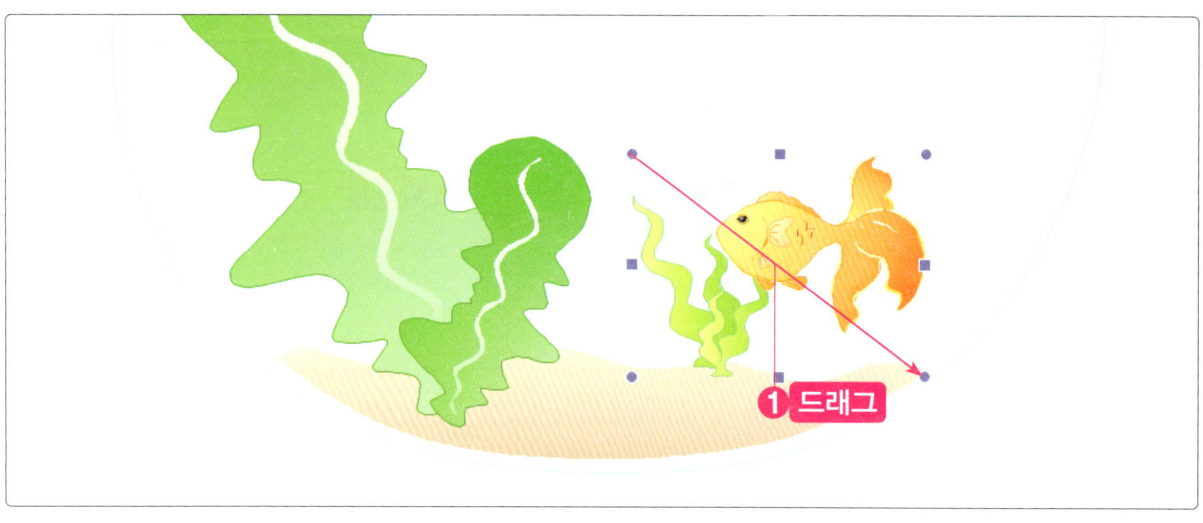

06 같은 방법으로 그리기 조각을 검색하여 내려받기해요.

• 그리기 조각 : 말미잘, 열대어, 물고기5, 붕어

2 입력된 조각 그림 회전하기

01 어항안에 들어갈 생물들을 작성하고 물고기를 선택한 후 물고기를 선택한 후 〔도형( )〕 탭-〔회전〕-〔개체 회전〕을 선택해요.

02 조절점 모양이 변경되면 조절점( )을 드래그하여 회전해요.

03 물고기가 회전하면 〔도형( )〕 탭-〔회전〕-〔좌우 대칭〕을 선택해요.

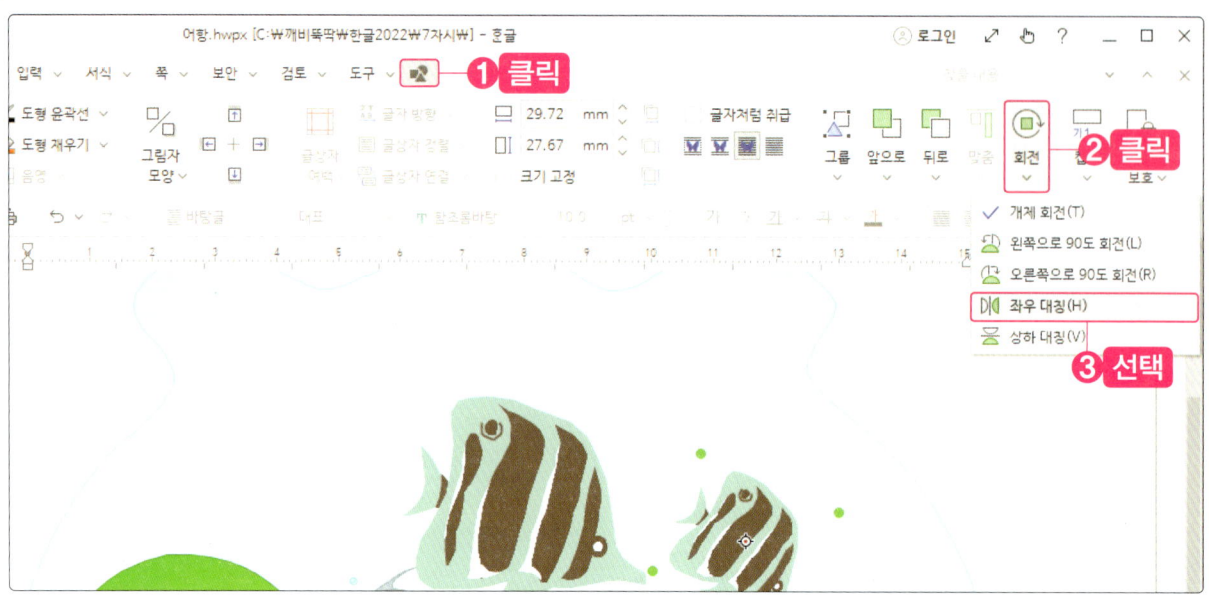

04 같은 방법으로 나머지 개체들의 회전 및 좌우 대칭을 지정해요.

3 조각그림 속성 변경하기

01 〔7차시〕 폴더의 '속담.hwpx' 파일을 열고 〔입력〕 탭-〔그림〕-〔그리기마당〕을 클릭 후 [그리기 마당] 대화상자에서 [클립아트 다운로드]를 클릭합니다.

02 〔한컴 애셋〕 대화상자가 나타나면 〔그리기 조각〕 탭에서 '가재는게편'을 입력하고 Enter 를 눌러 검색해요. 가재는게편이 검색되어 나타나면 〔내려받기(⬇)〕를 클릭하고 내려받기가 완료되면 〔한글〕 대화상자에서 〔확인〕을 클릭해요. 〔닫기(×)〕를 클릭해요.

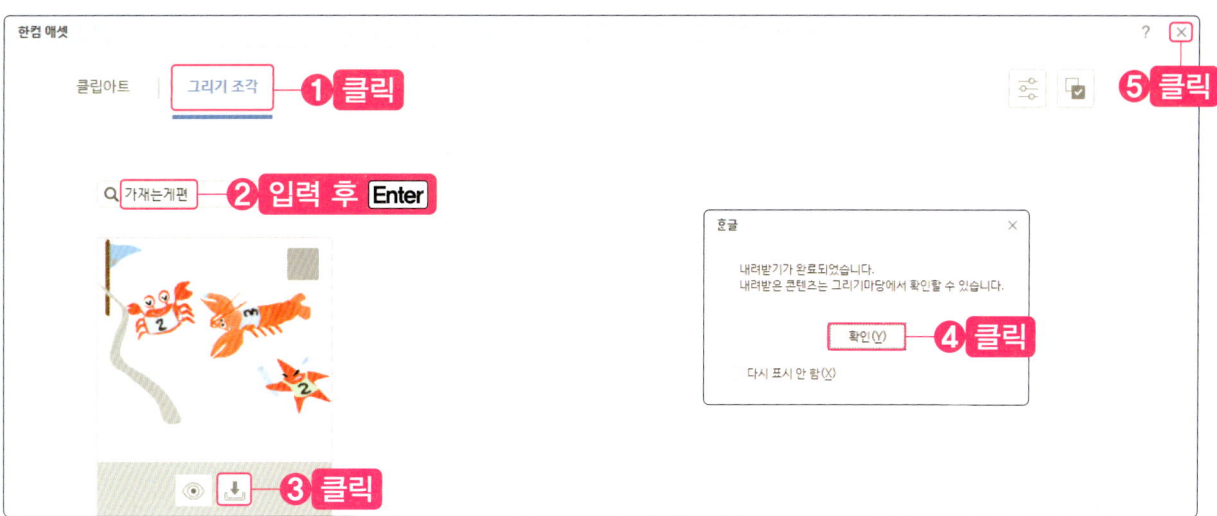

03 〔그리기마당〕 대화상자가 다시 나타나면 내려받은 '가재는게편'을 선택하고 〔넣기〕를 클릭해요.

04 드래그하여 그리기마당을 삽입하고 더블클릭해요.

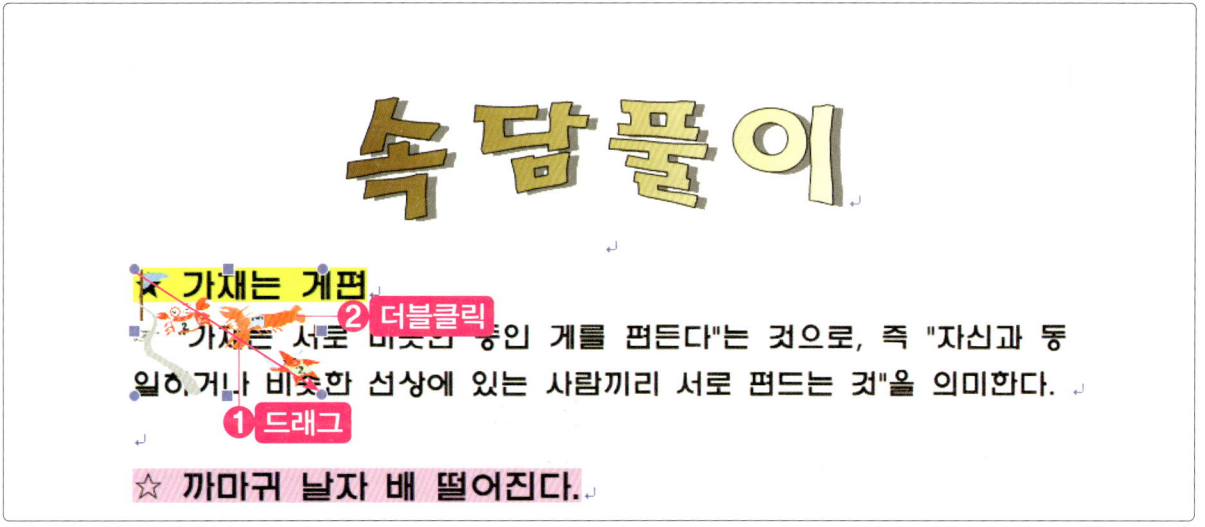

05 〔개체 속성〕 대화상자가 나타나면 〔기본〕 탭에서 크기와 위치를 지정하고 〔설정〕을 클릭해요.

- 크기
  너비 : 50mm
  높이 : 30mm
- 위치 : 어울림( )

Lesson 07 • 어항 만들기   47

06 다음과 같이 그리기마당의 크기 및 위치가 지정돼요.

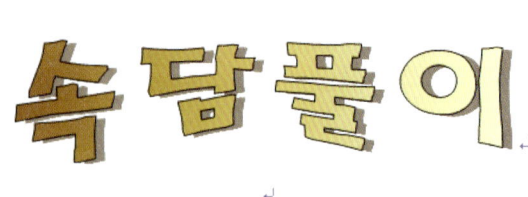

07 같은 방법으로 두 번째 그리기마당을 작성하고 크기 및 위치를 지정해요.

- 크기
  너비 : 50mm
  높이 : 30mm
- 위치 : 어울림()

❶ 작성

48

1 〔7차시〕 폴더의 '문화재.hwpx' 파일을 열고 문서 제목과 그림을 그리기마당에서 찾아 완성해 보세요.

- 예제 파일 : 7차시\문화재.hwpx   완성 파일 : 7차시\문화재_완성.hwpx

우리나라의 문화재

1 흥인지문
1963년 1월 21일 보물 제1호로 지정(指定)되었다. 정면 5칸, 측면 2칸, 중층 우진각 지붕이다. 통칭 동대문이라고 한다. 서울 도성에 딸린 8문 중의 하나로서 정동에 있으며 원래의 이름은 흥인지문이다.

1 다보탑
경상북도 경주시 진현동 불국사 경내에 있는 남북국시대의 화강암제 석탑. 535년(법흥왕 22년)에 불국사가 창건한 후 751년(경덕왕 10년) 김대성의 발원으로 불국사가 중건될 때 옆에 있는 불국사 3층 석탑과 함께 수축한 것으로 추정된다.

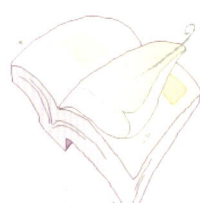
1 훈민정음
훈민정음은 백성을 가르치는 바른 소리라는 뜻이다. '훈민정음'이라고 부르는 대상은 두 가지가 있는데, 그 하나는 1443년 음력 12월에 세종대왕이 만든 한국어의 표기 체계, 즉 오늘날의 한글을 창제 당시에 부른 이름이고, 또 하나는 1446년 9월에 발간된 책 이름이다. 여기서는 후자, 즉 '훈민정음'이라는 책을 설명한다.

- 제목 : 글맵시
  글꼴 : HY헤드라인M, 글맵시 모양 : 위로 넓은 원통()
  채우기 및 그림자는 자유롭게 꾸며 보세요.
  크기 : 너비(100), 높이(20), 글자처럼 취급

- 그림 : 〔그리기마당〕-〔그리기 조각〕 탭
  그리기 조각 : 전통문양28, 탑2, 책2
  그림 위치 : 어울림()

Lesson 08

배울 수 있어요!
◆ 글상자를 삽입할 수 있어요.
◆ 글상자의 속성을 변경하여 원하는 스타일로 만들 수 있어요.

칭찬의 효과

문서에 원하는 위치에 글자를 넣으려면 글상자를 이용해서 글자를 입력할 수 있어요. 한글 프로그램에서 제공하는 그리기마당에서 원하는 그림을 검색하여 문서에 삽입하는 방법도 학습해요. 예쁜 그림과 글상자를 원하는 위치에 삽입해 보고 예쁘게 배치하는 방법에 대해 학습하도록 해요.

🌸 **예제 파일** : 8차시\칭찬.hwpx   🌸 **완성 파일** : 8차시\칭찬_완성.hwpx

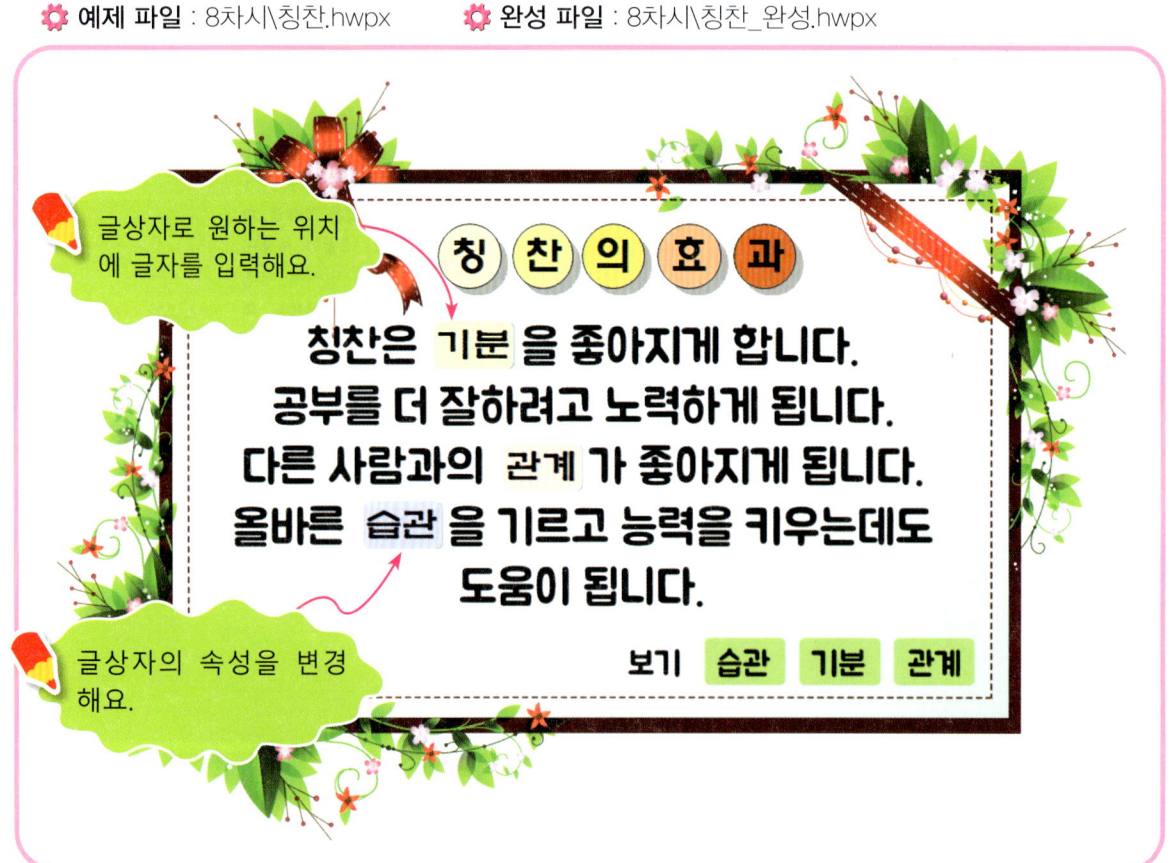

- 글상자로 원하는 위치에 글자를 입력해요.
- 글상자의 속성을 변경해요.

1 글상자로 글자 입력하기

01 〔8차시〕 폴더의 '칭찬.hwpx' 파일을 열고 〔입력〕 탭-〔가로 글상자(▨)〕를 클릭한 후 드래그하여 글상자를 삽입해요.

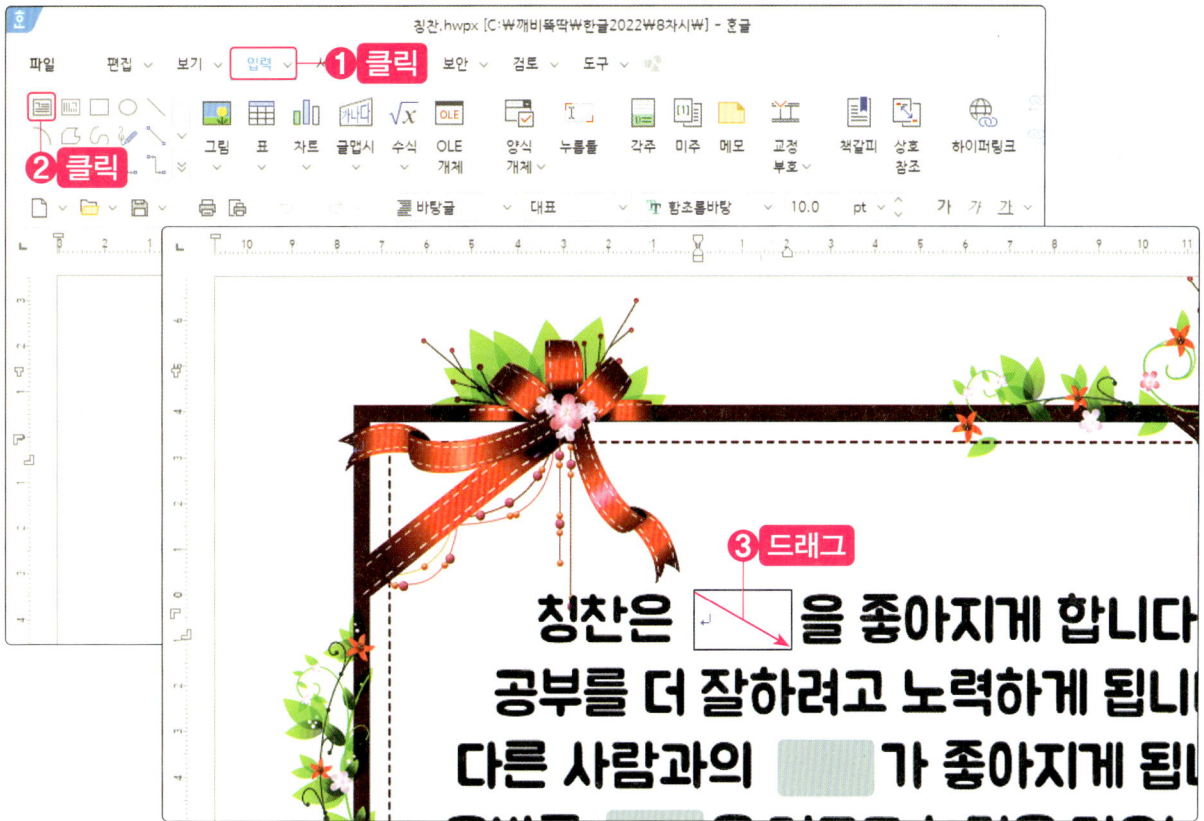

02 글상자에 '기분'을 입력하고 드래그하여 블록을 지정한 후 〔서식〕 도구 상자에서 글꼴 및 글자 크기, 정렬을 지정해요.

- 글꼴 : 휴먼옛체, 글자 크기 : 28pt
- 정렬 : 가운데 정렬(≡)

Lesson 08 • 칭찬의 효과 51

03 글상자를 더블클릭하고 〔개체 속성〕 대화상자가 나타나면 〔선〕 탭에서 선 종류와 사각형 모서리 곡률을 선택한 후 〔채우기〕 탭을 클릭한 다음 채우기 색을 지정하고 〔설정〕을 클릭해요.

- 〔선〕 탭 ⇒ 선 종류 : 선 없음, 사각형 모서리 곡률 : 둥근 모양(▢)
- 〔채우기〕 탭 ⇒ 면 색 : 노랑(RGB: 255,215,0) 80% 밝게

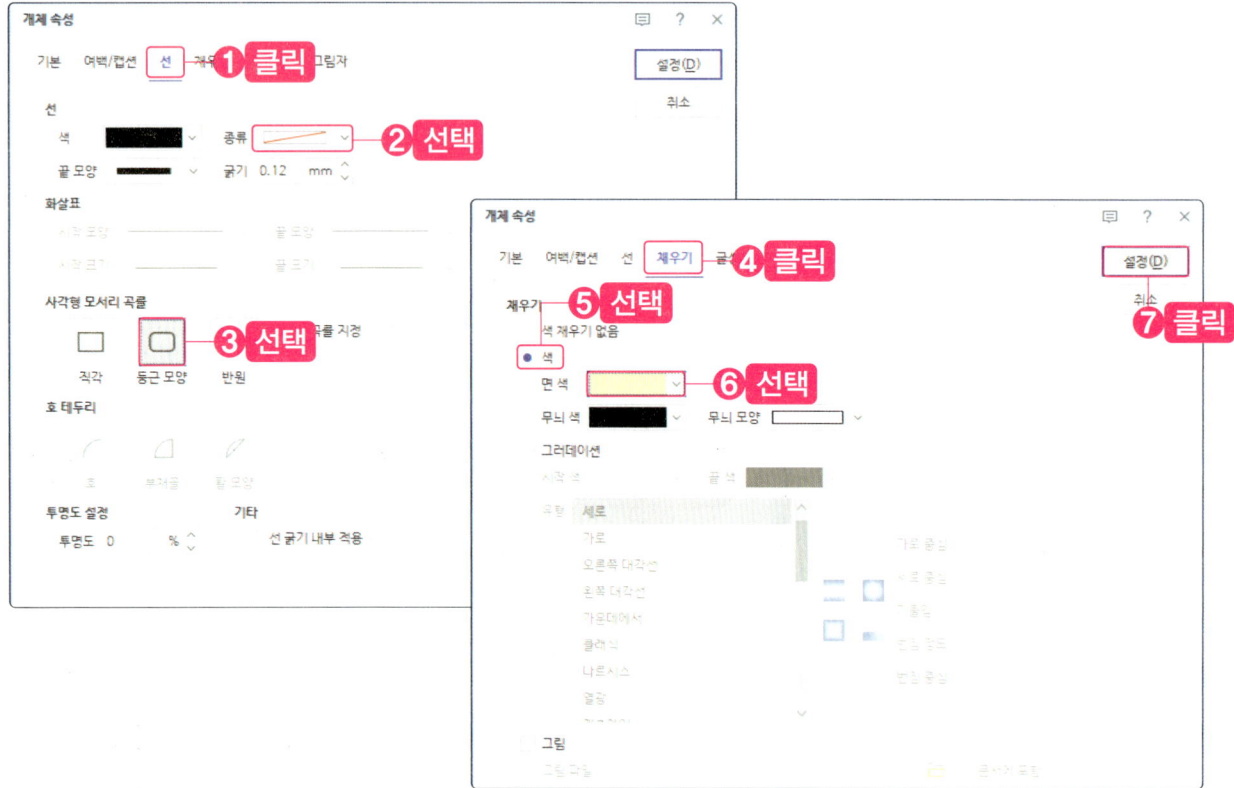

04 글상자를 선택하고 Ctrl을 누른 상태로 드래그하여 글상자를 복사해요.

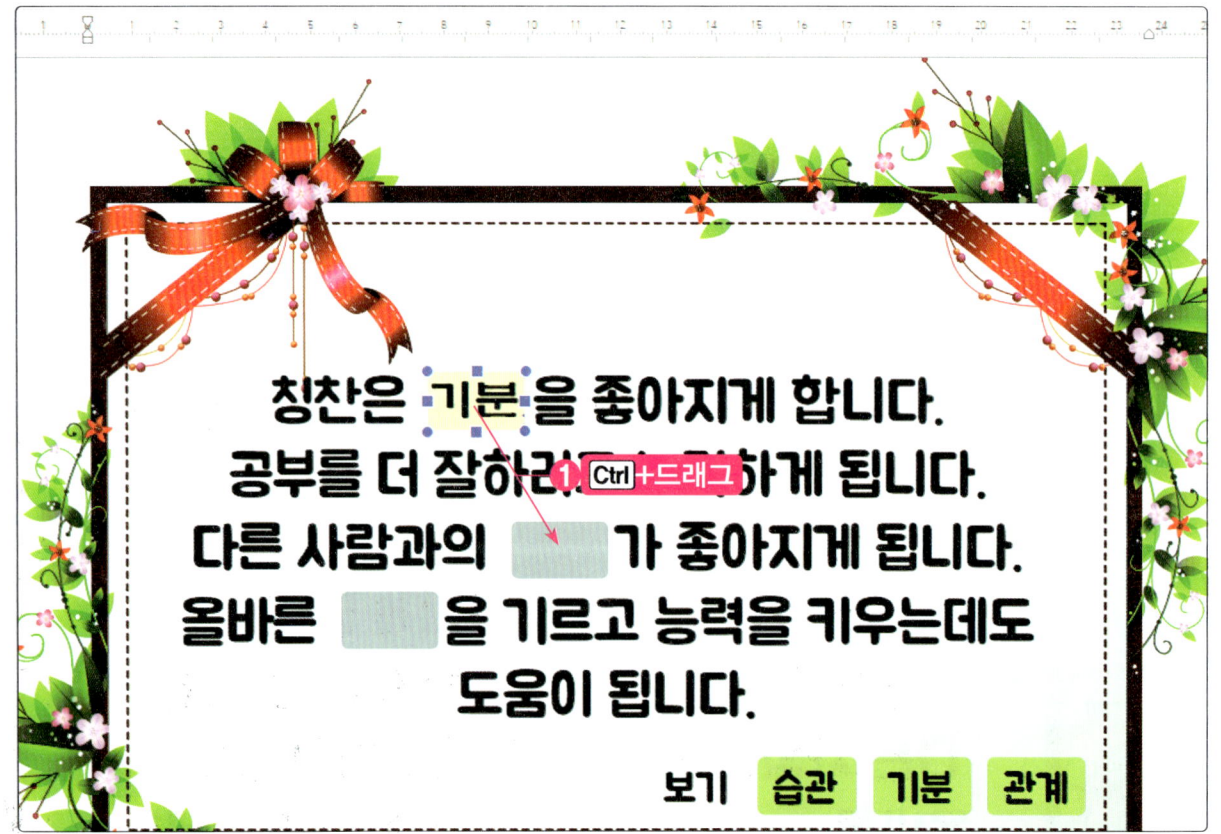

05 복사한 글상자를 더블클릭하고 〔개체 속성〕 대화상자가 나타나면 〔채우기〕 탭에서 면 색을 선택한 후 〔설정〕을 클릭해요.

- 면 색 : 주황(RGB: 255,132,58) 80% 밝게

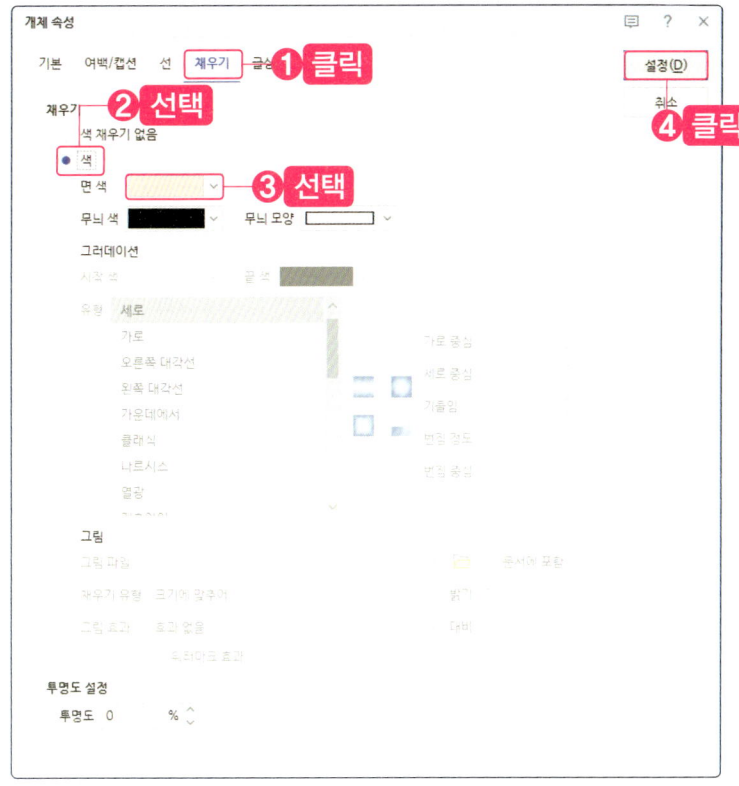

06 글상자의 텍스트를 수정하고 같은 방법으로 글상자를 복사한 후 수정해요.

- 면 색 : 남색(RGB: 58,60,132) 80% 밝게

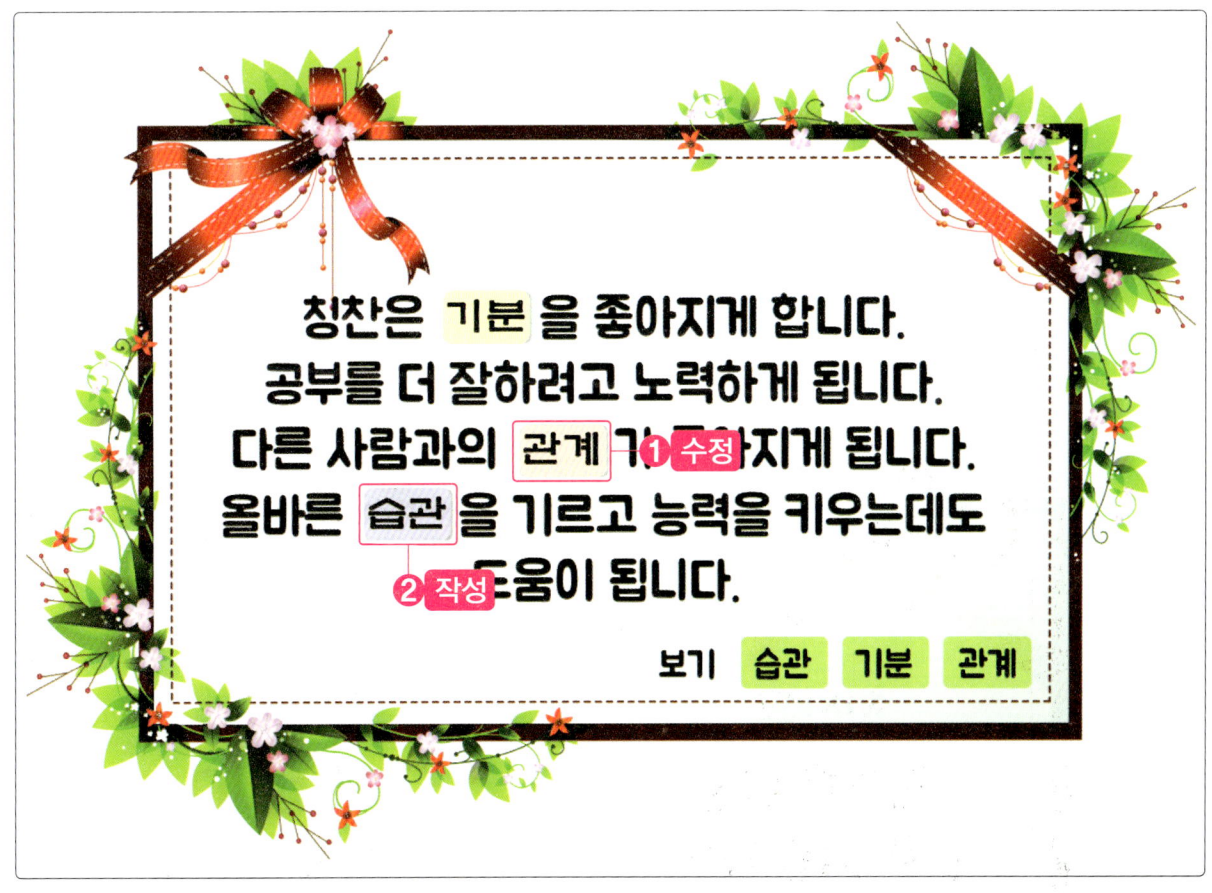

2 글상자로 제목 입력하기

01 제목을 입력하기 위해 [입력] 탭-[타원(○)]를 클릭하고 드래그하여 타원 도형을 삽입해요.

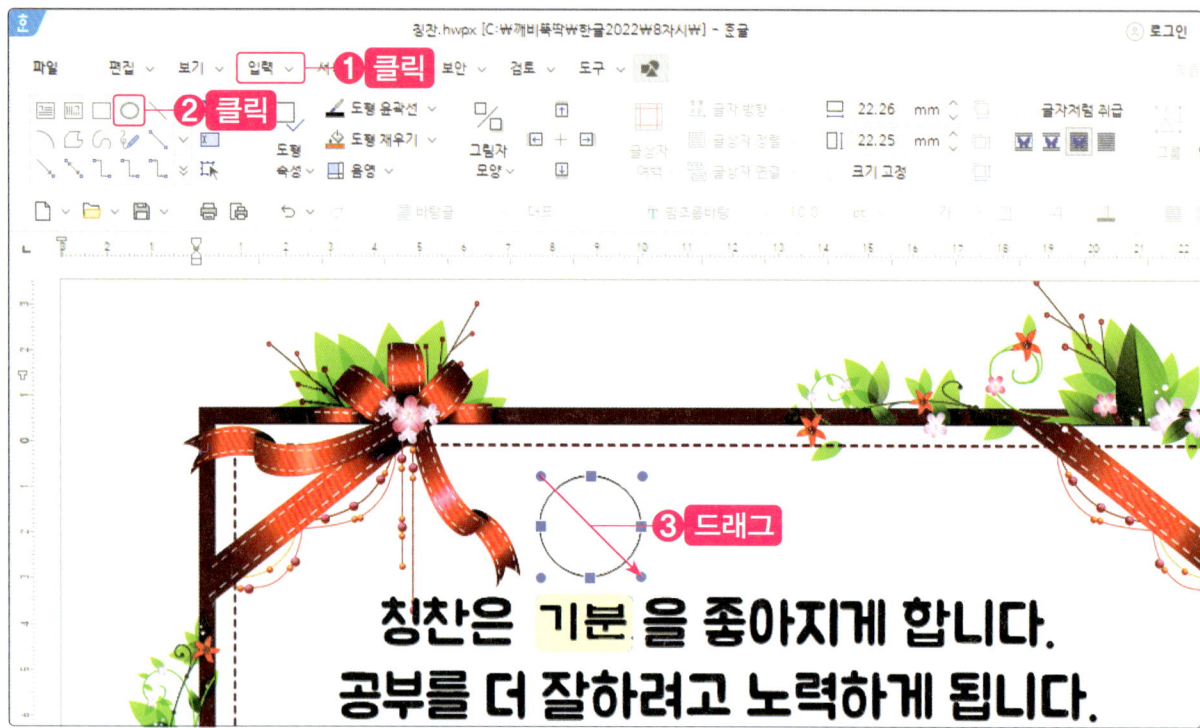

02 타원을 더블클릭하고 [개체 속성] 대화상자가 나타나면 다음과 같이 속성을 지정해요.

❶ [기본] 탭
 • 너비 : 17mm, 높이 : 17mm

❷ [채우기] 탭
 • 면 색 : 노랑(RGB: 255,215,0) 80% 밝게

❸ [그림자] 탭
 • 종류 : 오른쪽 아래( )

03 타원 도형을 선택하고 마우스 오른쪽 버튼을 눌러 바로가기 메뉴의 [도형 안에 글자 넣기]를 선택해요.

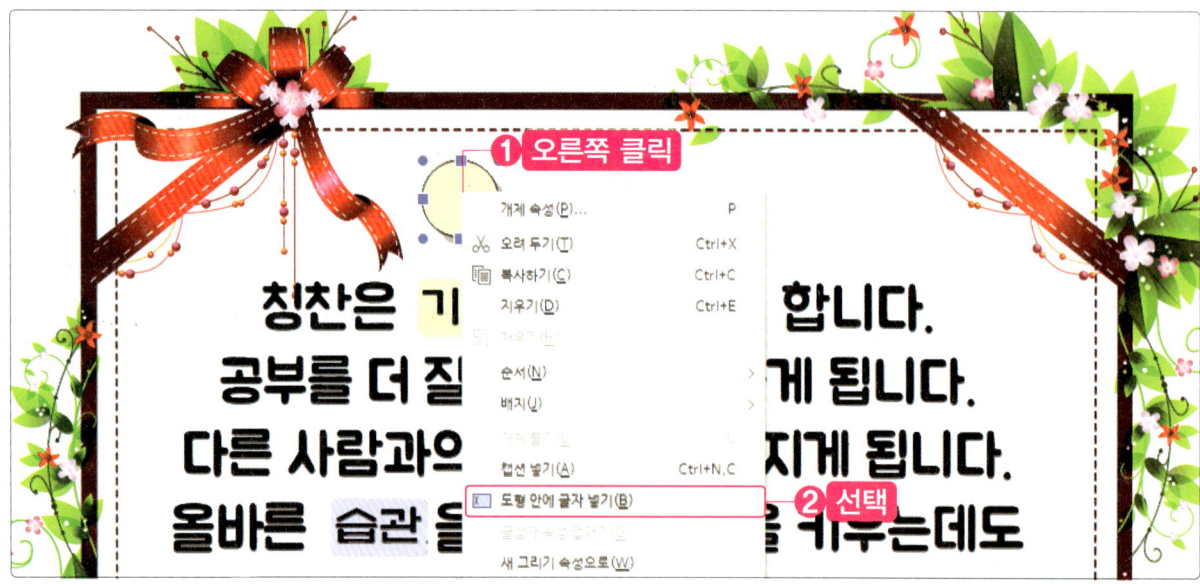

04 타원 도형에 '칭'을 입력하고 드래그하여 블록을 지정한 후 [서식] 도구 상자에서 글꼴 및 글자 크기, 정렬을 지정해요.

- 글꼴 : HY울릉도B, 글자 크기 : 30pt
- 정렬 : 가운데 정렬(≡)

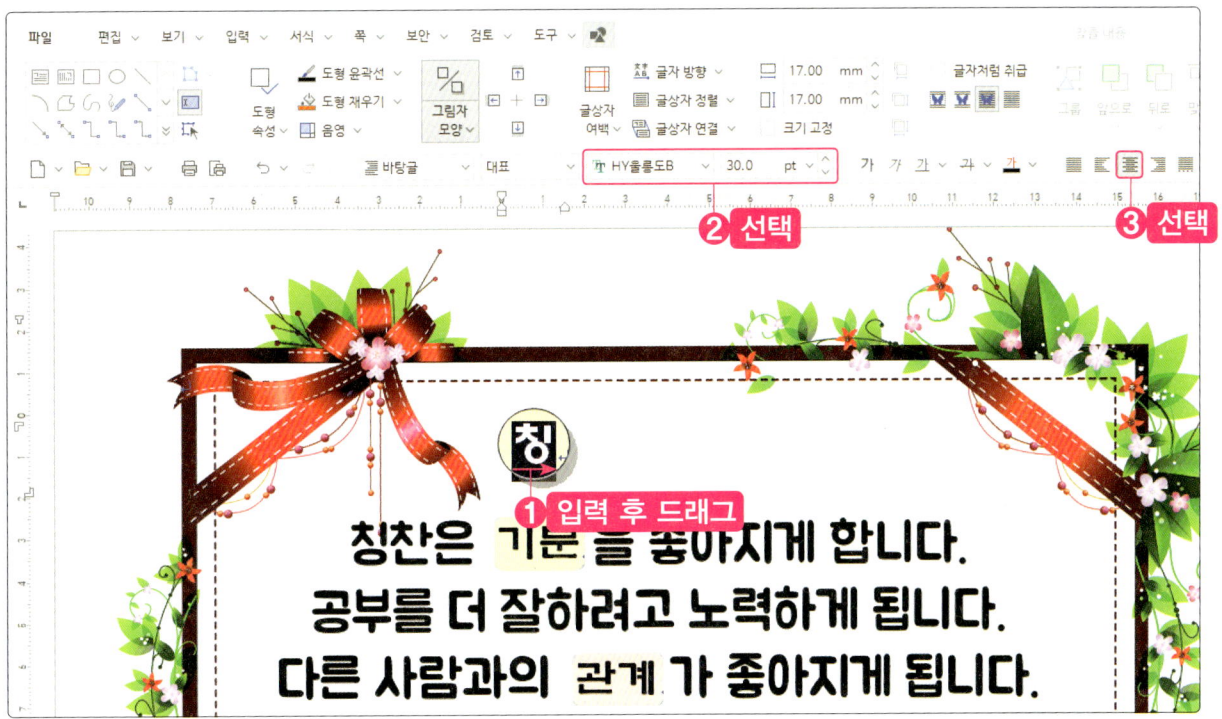

05 타원 도형을 4개 복사하고 채우기 색을 지정한 후 내용을 수정해요.

- 채우기 색 : 노랑(RGB: 255,215,0) 60% 밝게, 노랑(RGB: 255,215,0) 40% 밝게, 주황(RGB: 255,132,58) 40% 밝게, 주황(RGB: 255,132,58) 25% 어둡게

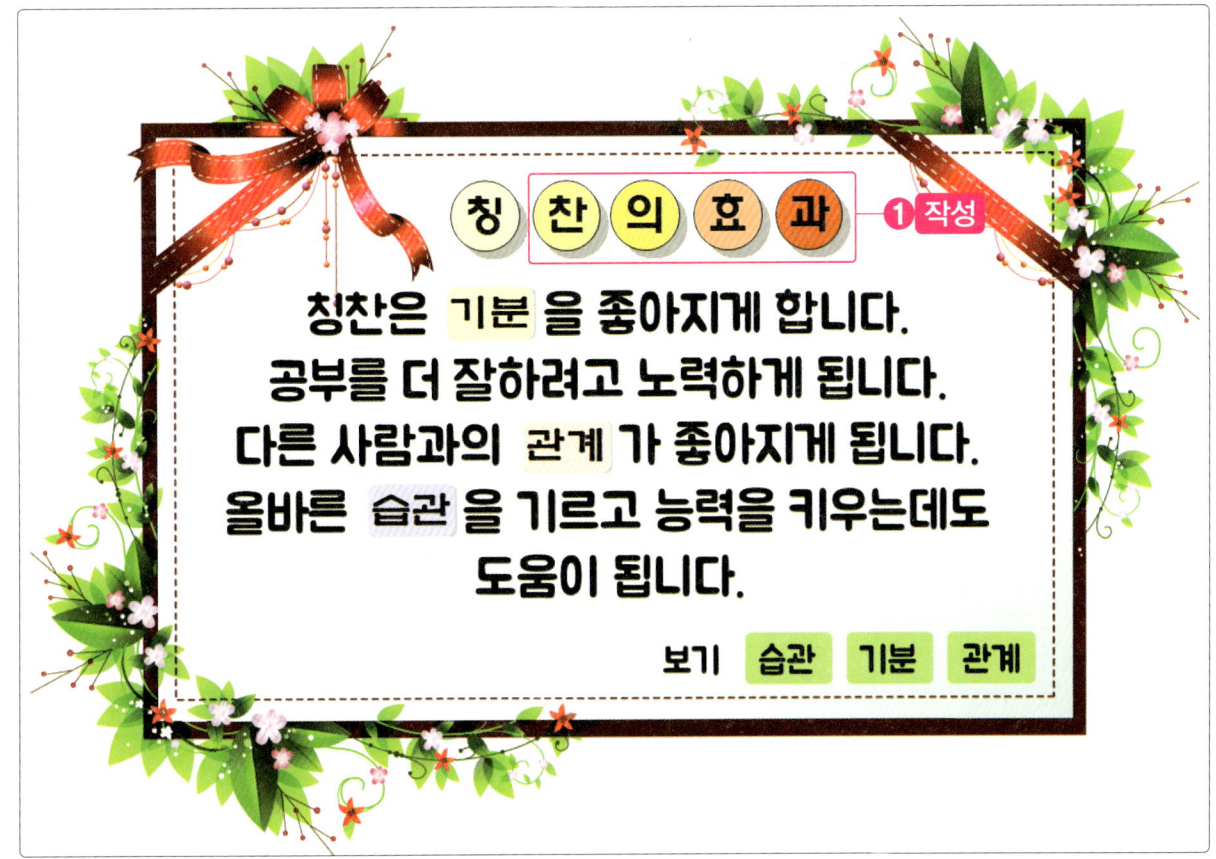

Lesson 08 • 칭찬의 효과

1 〔8차시〕 폴더에서 '나.hwpx' 파일을 열고 글상자를 이용하여 문서를 완성하세요.

• 예제 파일 : 8차시\나.hwpx   완성 파일 : 8차시\나_완성.hwpx

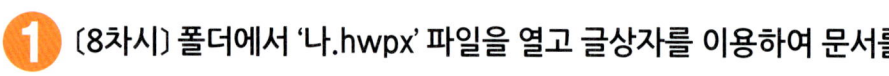

나? 나는!!!

내 이름은 김이쁜 이야.

내 나이는 10 살.

학교는 렉스 초등학교에 다니고 있어.

아빠는 나를 공주님이 라고 생각하셔.

엄마는 나를 위해 기도를 해 주셔.

나의 장래 희망은 선생님 야.

• 그리기마당 : 자유롭게 꾸며 보세요.
• 글상자
  굵기 : 1mm
  사각형 모서리 곡률 : 둥근 모양(▢)
  글꼴 : 한컴백제M, 글자 크기 : 20pt, 글자 색 : 초록(RGB: 40,155,110)
  정렬 : 가운데 정렬(≡)

Lesson 09

배울 수 있어요!

◆ 글자의 모양만 복사해서 붙여넣을 수 있어요.
◆ 문서에 필요한 한자를 찾아 입력할 수 있어요.

글자모양 복사하기

글자 모양이나 문단 모양 등을 다른 곳으로 간편하게 복사하는 기능이에요. 특정한 모양을 반복적으로 자주 지정해야 하는 경우에 매우 편하게 쓸 수 있어요. 또 문서에 한자를 입력해야 하는 경우 한글을 한자로 입력하는 방법에 대해 학습하도록 해요.

※ 예제 파일 : 9차시\사자성어.hwpx　　※ 완성 파일 : 9차시\사자성어_완성.hwpx

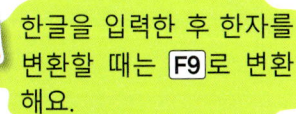    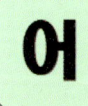

한글을 입력한 후 한자를 변환할 때는 F9 로 변환해요.

1. 상부상조(相扶相助)
서로서로 도움

2. 立身揚名(입신양명)
출세하여 세상에 이름을 널리 알림

3. 大器晩成 (대기만성)
크게 될 사람은 늦게 이루어진다.

4. 동문서답
묻는 말에 전혀 맞지 않는

[모양 복사] 기능을 이용하여 같은 모양으로 글자의 모양을 복사해요.

1 글자 모양을 복사하기

01 〔9차시〕 폴더의 '사자성어.hwpx' 파일을 열고 '1. 상부상조'를 드래그하여 블록으로 지정한 후 〔서식〕 탭-〔글자 모양〕을 클릭해요.

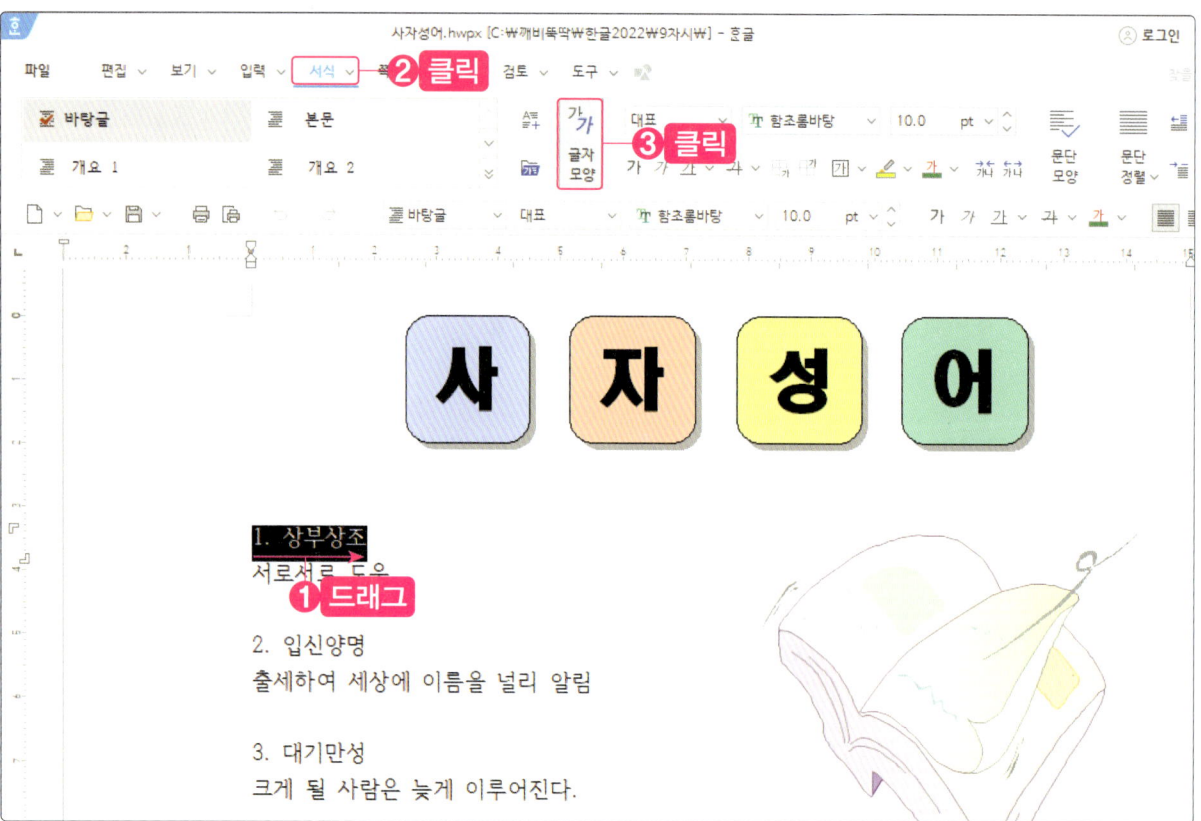

02 〔글자 모양〕 대화상자가 나타나면 〔기본〕 탭에서 기준 크기, 언어별 설정, 속성을 지정하고 〔설정〕을 클릭해요.

- 기준 크기 : 14pt
- 언어별 설정
  글꼴 : 양재튼튼체B
- 속성
  글자 색 : 주황(RGB: 255,132,58)
  음영 색 : 노랑(RGB: 255,215,0)

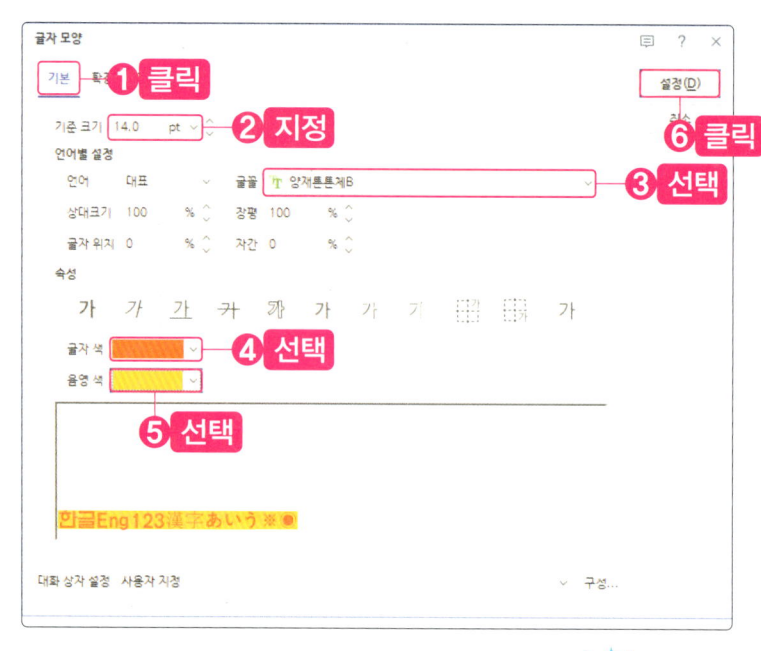

음영색은 〔서식〕 도구 상자에서 지정할 수 없기 때문에 〔글자 모양〕 대화상자에서 지정해요.

03 '서로서로 도움'을 드래그하여 블록으로 지정하고 [서식] 도구 상자에서 글꼴과 글자 크기를 지정해요.

- 글꼴 : 맑은 고딕, 글자 크기 : 12pt

04 '1. 상부상조' 문단에 커서를 위치시키고 [편집] 탭-[모양 복사]를 클릭해요.

- 모양 복사 : Alt + C
- 모양 복사는 커서가 위치한 글자의 모양이 복사되기 때문에 복사할 글자의 위치를 꼭 확인해야 해요.

05 〔모양 복사〕 대화상자가 나타나면 〔글자 모양〕을 선택하고 〔복사〕를 클릭해요.

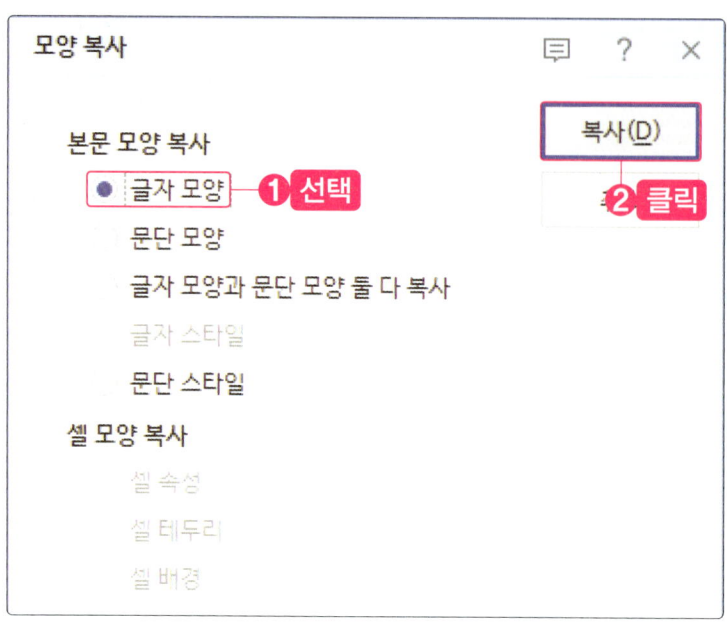

06 모양을 복사할 부분을 드래그하여 블록으로 지정하고 〔편집〕 탭-〔모양 복사〕를 클릭해요.

07 같은 방법으로 나머지 사자성어에 모양을 복사해요.

08 같은 방법으로 사자성어 뜻 문단의 모양을 복사해요.

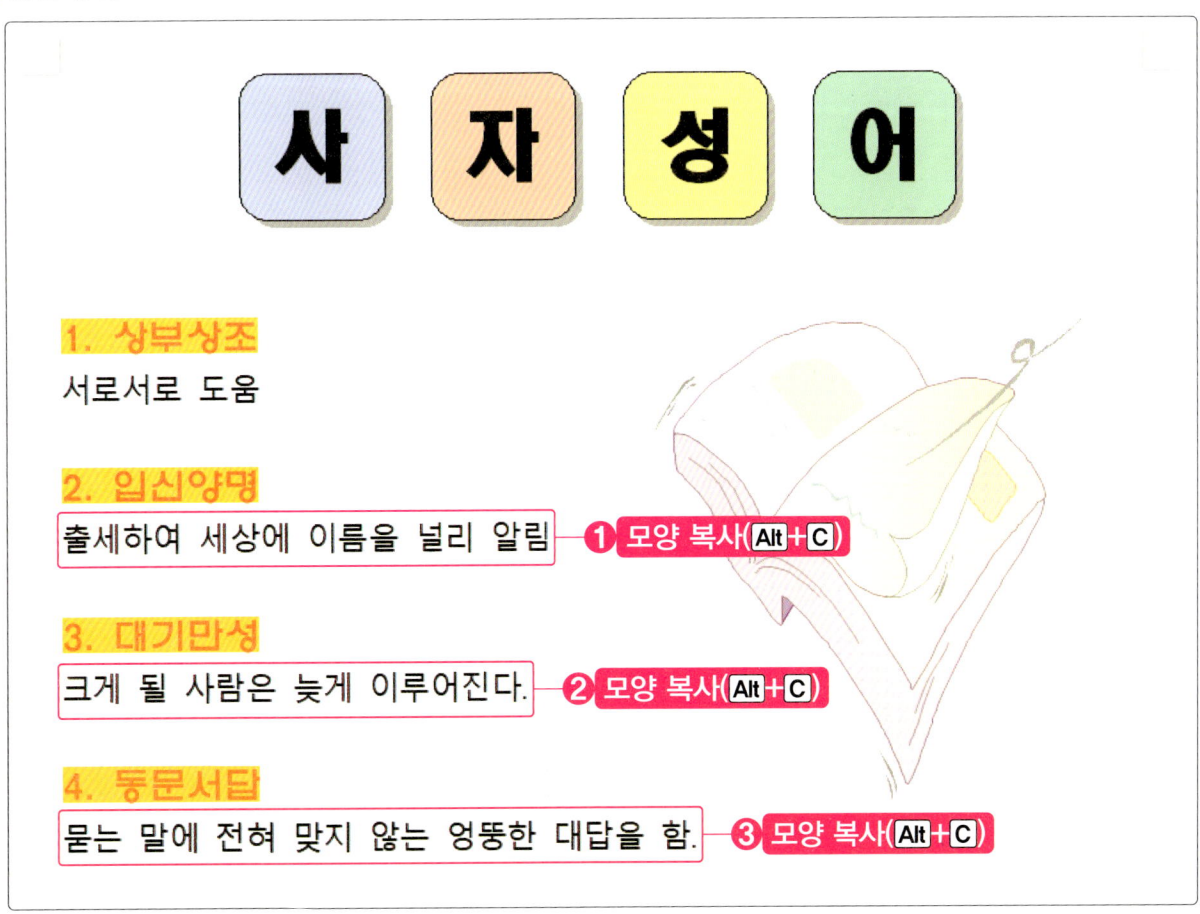

2. 문서의 한자를 입력하기

01 '상부상조' 뒤에 커서를 위치하고 [입력] 탭-[한자 입력]의 [목록(∨)]-[한자로 바꾸기]를 클릭해요.

한자로 바꾸기 : F9 또는 한자

02 [한자로 바꾸기] 대화상자가 나타나면 한자 목록을 선택하고 입력 형식을 선택한 후 [바꾸기]를 클릭해요.
- 입력 형식 : 한글(漢字)

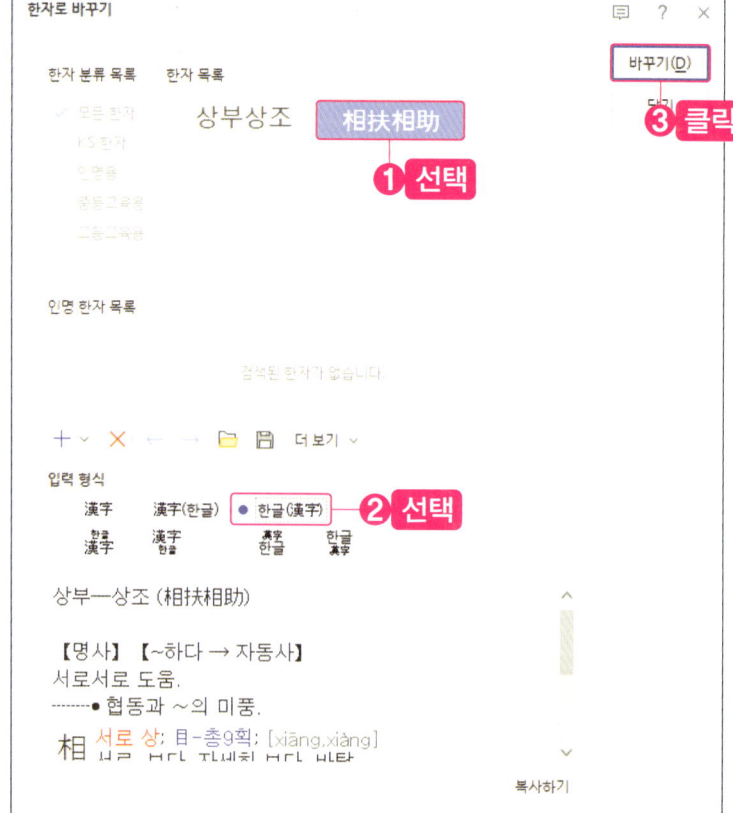

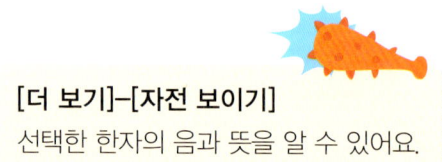

[더 보기]-[자전 보이기]
선택한 한자의 음과 뜻을 알 수 있어요.

03 다음과 같이 '상부상조'가 한글(漢字) 형식으로 변경돼요.

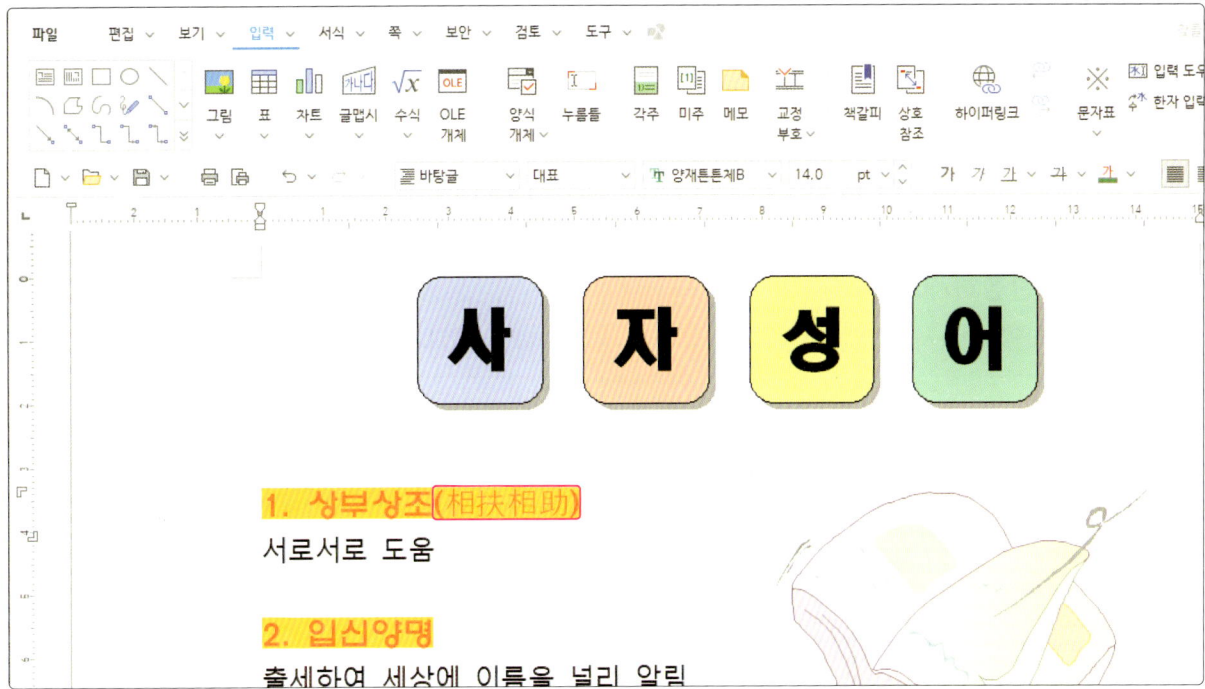

04 같은 방법으로 나머지 사자성어를 변경해 보세요.

입력 형식은 자유롭게 변경해 보세요.

1 〔9차시〕 폴더에서 '전염병의 종류.hwpx' 파일을 열고 모양 복사 및 한자로 바꾸기를 이용하여 문서를 완성하세요.

• 예제 파일 : 9차시\전염병의 종류.hwpx   완성 파일 : 9차시\전염병의 종류_완성.hwpx

유년기에 잘 걸리는 질병 및 전염병의 종류

1) 홍역(紅疫)

어릴 때 잘 걸리며 한 번 걸리면 일생 동안 면역을 가진다. 초기에는 감고열기 기운과 함께 입속의 점막에 좁쌀만 한 수십 개의 수포가 형성되고 점차로 고열로 拔進(발진)이 시작된다. 특효약이 없으므로 쾌적한 환경에서 안정을 취하는 것이 좋다.

2) 콜레라

콜레라균에 의하여 발생하며 심한 구토(嘔吐)와 설사(泄瀉)가 주요 증상(症狀)이다. 인도 지방의 풍토병이었으나 전 세계로 퍼졌으며, 우리나라에서도 법정 전염병으로 분류하여 감시 및 예방에 힘쓰고 있다.

3) 유행성 출혈열

들쥐와 집쥐에 의해 전염되는 바이러스성 전염병이다. 초기에는 독감과 비슷하며 식욕 부진으로 시작하여 고열(高烈), 심한 두통으로 발전하고 눈, 코, 얼굴, 가슴 등에 출혈 반점이 생긴다. 특효약이 없으므로 발병 초기에 빨리 병원에 가서 치료해야 한다.

출처: 질병관리본부

• 소제목
  글꼴 : 양재튼튼체B, 글자 크기 : 16pt, 글자 색 : 초록(RGB: 40,155,110), 음영 색 : 노랑(RGB: 255,255,0)

• 내용
  글꼴 : 맑은 고딕, 글자 크기 : 12pt

Lesson 10

배울 수 있어요!
◆ 도형으로 칭찬 스티커판을 만들어요.
◆ 도형안에 글자도 넣고, 복사해요.

칭찬스티커판 만들기

학교생활에서 칭찬스티커 판을 직접 만들어보고 칭찬스티커도 모아보세요. 어떤 상황에서 칭찬스티커를 받을 수 있을지 학급회의 시간에 친구들과 회의를 한다면 더욱 좋겠죠? 칭찬 스티커를 만드는 방법에 대해 학습하도록 해요.

✿ 예제 파일 : 없음   ✿ 완성 파일 : 10차시\칭찬스티커_완성.hwpx

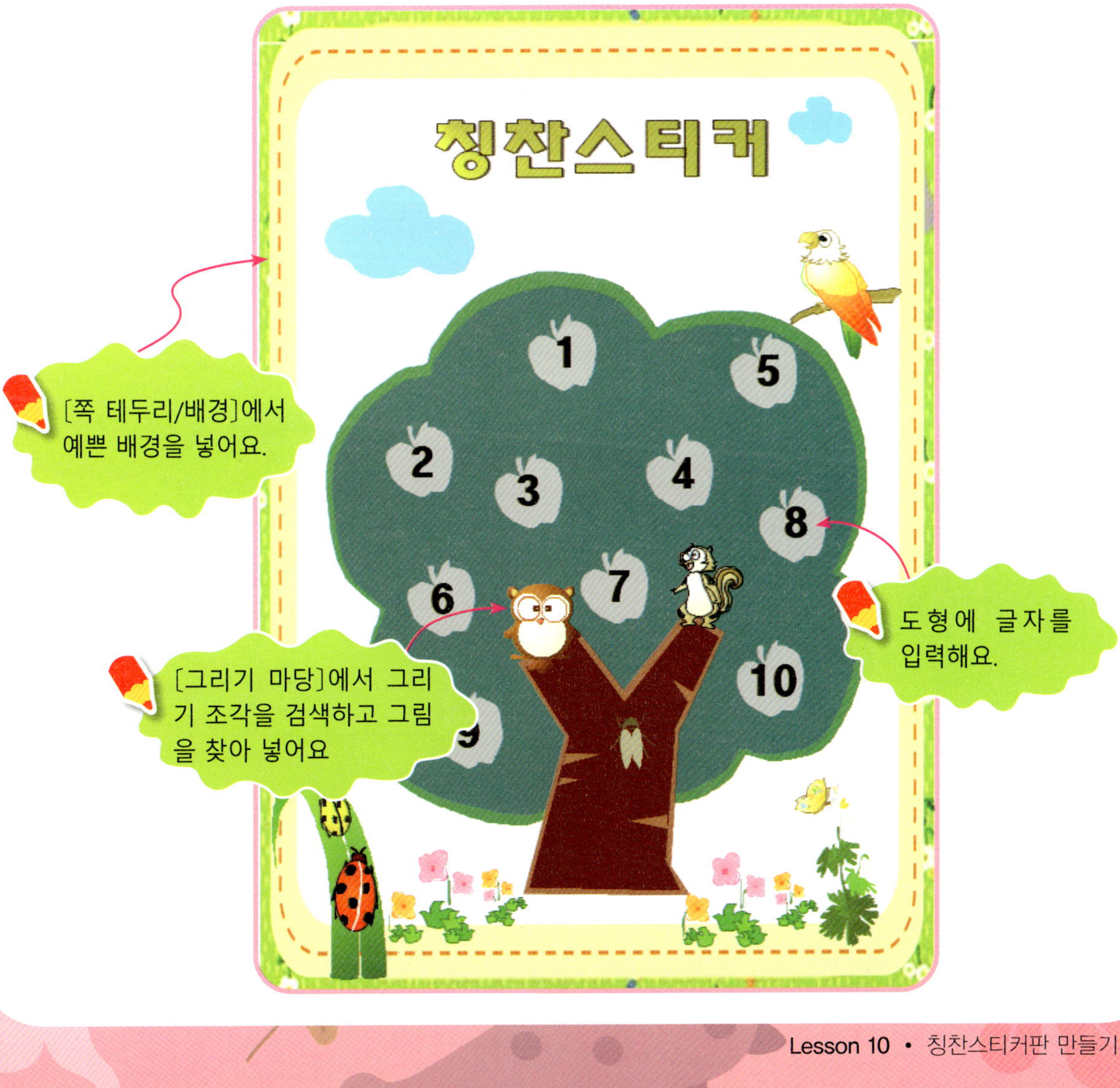

- [쪽 테두리/배경]에서 예쁜 배경을 넣어요.
- [그리기 마당]에서 그리기 조각을 검색하고 그림을 찾아 넣어요
- 도형에 글자를 입력해요.

1 칭찬스티커판 만들기

01 〔새 문서〕를 열고 〔보기〕 탭-〔쪽 맞춤〕을 클릭해요.

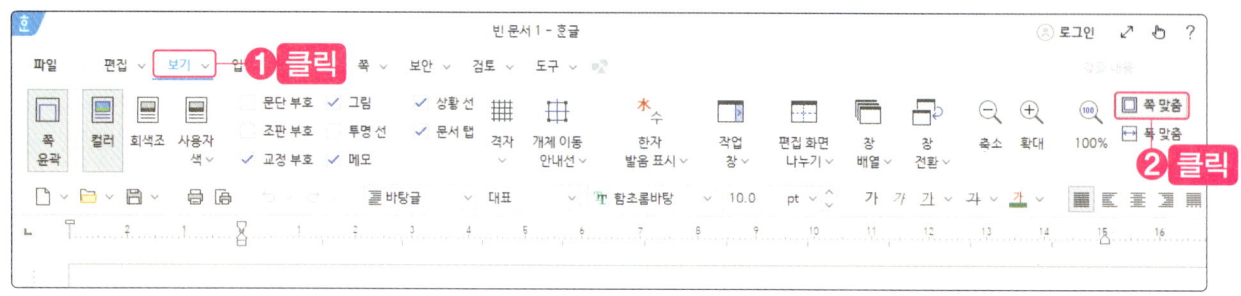

02 〔쪽〕 탭-〔쪽 테두리/배경〕을 클릭해요.

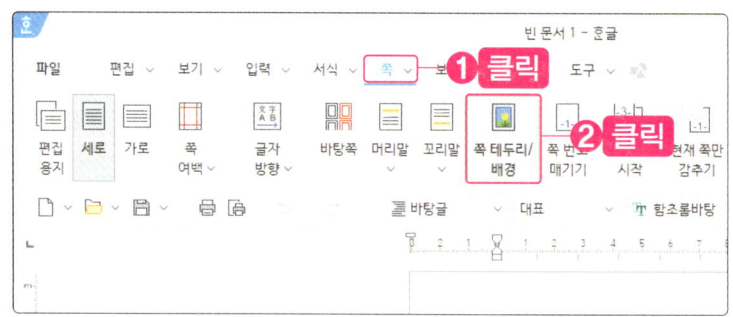

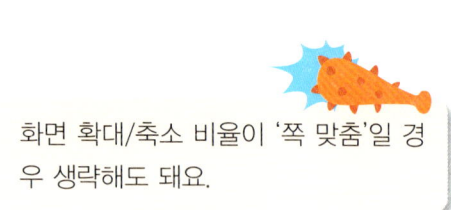

화면 확대/축소 비율이 '쪽 맞춤'일 경우 생략해도 돼요.

03 〔쪽 테두리/배경〕 대화상자가 나타나면 〔배경〕 탭에서 〔그림〕을 선택하고 〔그림 선택( )〕을 클릭해요.

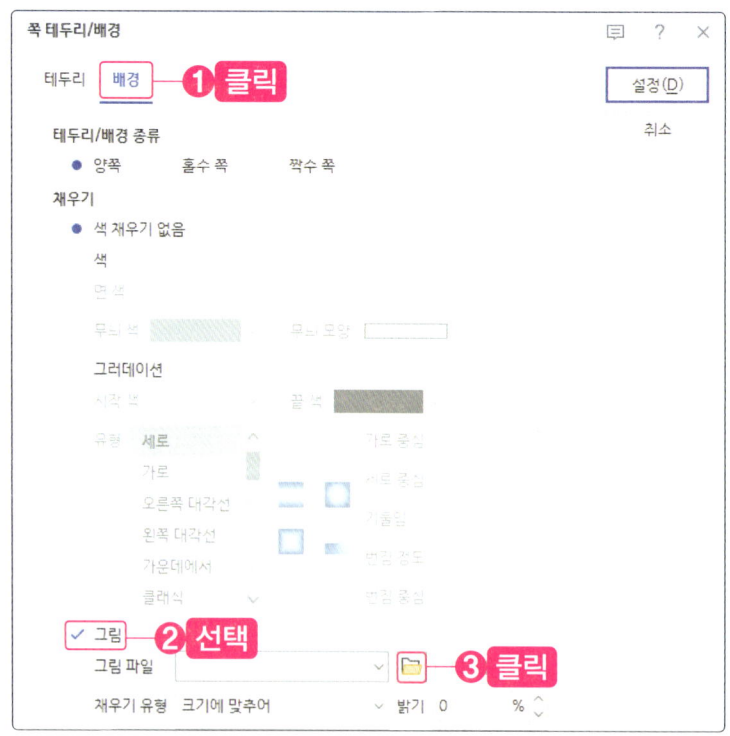

04 〔그림 넣기〕 대화상자가 나타나면 '10차시\배경.png' 파일을 선택하고 〔문서에 포함〕을 선택한 후 〔열기〕를 클릭해요.

05 〔쪽 테두리/배경〕 대화상자가 다시 나타나면 〔설정〕을 클릭해요.

06 다음과 같이 배경에 그림이 삽입되면 〔입력〕 탭-〔글맵시〕-〔채우기 - 어두운 그러데이션, 왼쪽으로 팽창 모양(가나다)〕을 선택해요.

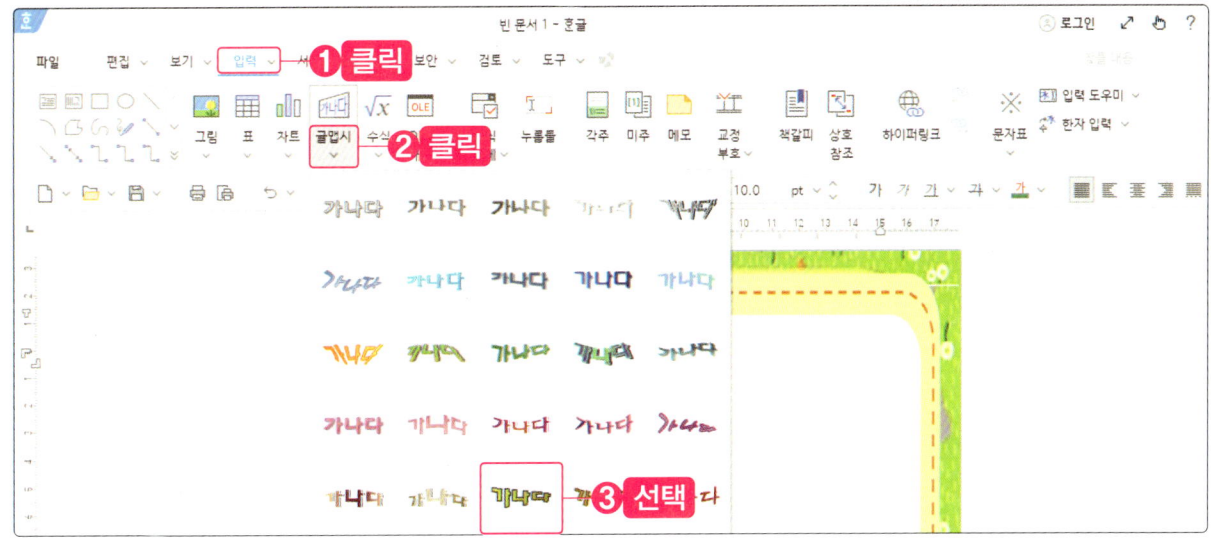

07 〔글맵시 만들기〕 대화상자가 나타나면 내용을 입력하고 글맵시 모양을 선택한 후 〔설정〕을 클릭해요.
- 내용 : 칭찬스티커
- 글맵시 모양 : 직사각형(▬)

08 글맵시가 삽입되면 크기를 조절하고 글맵시를 더블클릭해요. 〔개체 속성〕 대화상자가 나타나면 다음과 같이 속성을 지정해요.

❶ 〔기본〕 탭
- 너비 : 100mm, 높이 : 18mm
- 글자처럼 취급

❷ 〔글맵시〕 탭
- 그림자 : 비연속
- X 위치 : 1%, Y 치 : 1%

09 〔서식〕 도구 상자에서 〔가운데 정렬(≡)〕을 선택하고 〔입력〕 탭-〔그림〕-〔그리기마당〕을 선택해요.

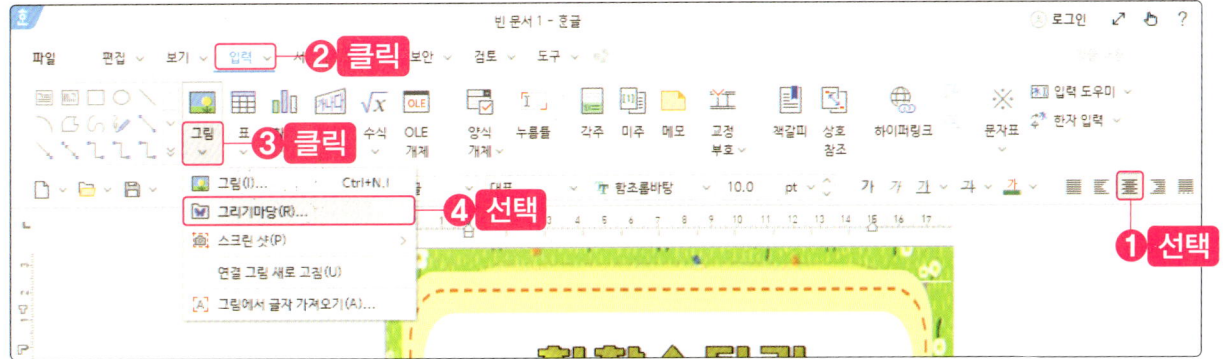

Lesson 10 • 칭찬스티커판 만들기 67

10 〔그리기마당〕 대화상자가 표시되면 〔내려받은 그리기마당〕 탭-〔클립아트 다운로드〕를 클릭해요.

11 〔한컴 애셋〕 대화상자가 나타나면 〔그리기 조각〕 탭에서 '사과나무'를 입력하고 Enter 를 눌러 검색해요. 사과나무가 검색되어 나타나면 〔내려받기(⬇)〕를 클릭하고 내려받기가 완료되면 〔한글〕 대화상자에서 〔확인〕을 클릭해요. 〔닫기(×)〕를 클릭해요.

12 [그리기마당] 대화상자에서 삽입한 클립아트를 선택 후 [넣기] 단추를 클릭합니다. 마우스 포인터 모양이 변경되면 드래그하여 사과나무를 작성해요.

2 스티커 번호표 만들기

01 〔입력〕 탭-〔타원(○)〕을 클릭하고 사과 위에 드래그하여 타원을 작성해요. 그런다음 타원에서 마우스 오른쪽 버튼을 눌러 바로가기 메뉴의 〔도형 안에 글자 넣기〕를 선택해요.

02 도형 안에 숫자 '1'을 입력하고 드래그하여 블록으로 지정한 후 〔서식〕 도구 상자에서 글꼴과 글자 크기를 지정한 다음 정렬해요.

- 글꼴 : 헤드라인, 글자 크기 : 30pt
- 정렬 : 가운데 정렬(≡)

03 타원 도형을 더블클릭하고 〔개체 속성〕 대화상자가 나타나면 속성을 지정해요.

❶ 〔선〕 탭
- 선 종류 : 선 없음

❷ 〔채우기〕 탭
- 색 채우기 없음

04 Ctrl+드래그하여 사과에 맞게 복사하여 배치해요. 그런다음 숫자를 수정해요.

05 그리기마당의 조각 그림들을 검색하여 예쁘게 칭찬스티커 판을 꾸며 보아요.

- 찾을 파일
  꽃, 들꽃, 풀꽃, 나비, 구름, 앵무새, 매미, 부엉이, 무당벌레, 다람쥐 등

1 〔새 문서〕를 열고 〔10차시〕 폴더의 '사과.png' 그림과 도형을 이용하여 작성해 보세요.

• 예제 파일 : 없음   완성 파일 : 10차시\사과스티커_완성.hwpx

• 도형 : 타원(◯), 직사각형(▢)
• 개체 묶기
  그림과 도형을 모두 선택하고 마우스 오른쪽 버튼을 눌러 바로가기 메뉴의 〔개체 묶기〕를 클릭해요.
  여러개의 개체가 1개로 묶어지면 크기를 조절해요.
• 복사(Ctrl+C)하고 붙여넣기(Ctrl+V) 해요.

Lesson 11

배울 수 있어요!
◆ 상용구로 등록시키는 방법을 학습해요.
◆ 상용구 등록 내용을 확인하고 편집해요.

이름표를 상용구로 등록해요

자주 사용되는 문구나 제목을 미리 등록시켜 두었다가 불러서 사용하면 굉장히 편리하겠죠? 이런 기능이 한글에서는 상용구라고 해요. 시험문제의 타이틀이나, 내 한자 이름, 또는 우리 집 주소 등등... 이런 문서에 자주 사용되는 문구들을 등록시키고 상용구로 등록시키고 빠르게 사용할 수 있는 방법에 대해 학습하도록 해요.

🌸 예제 파일 : 11차시\상용구예제.hwpx   🌸 완성 파일 : 11차시\상용구예제_완성.hwpx

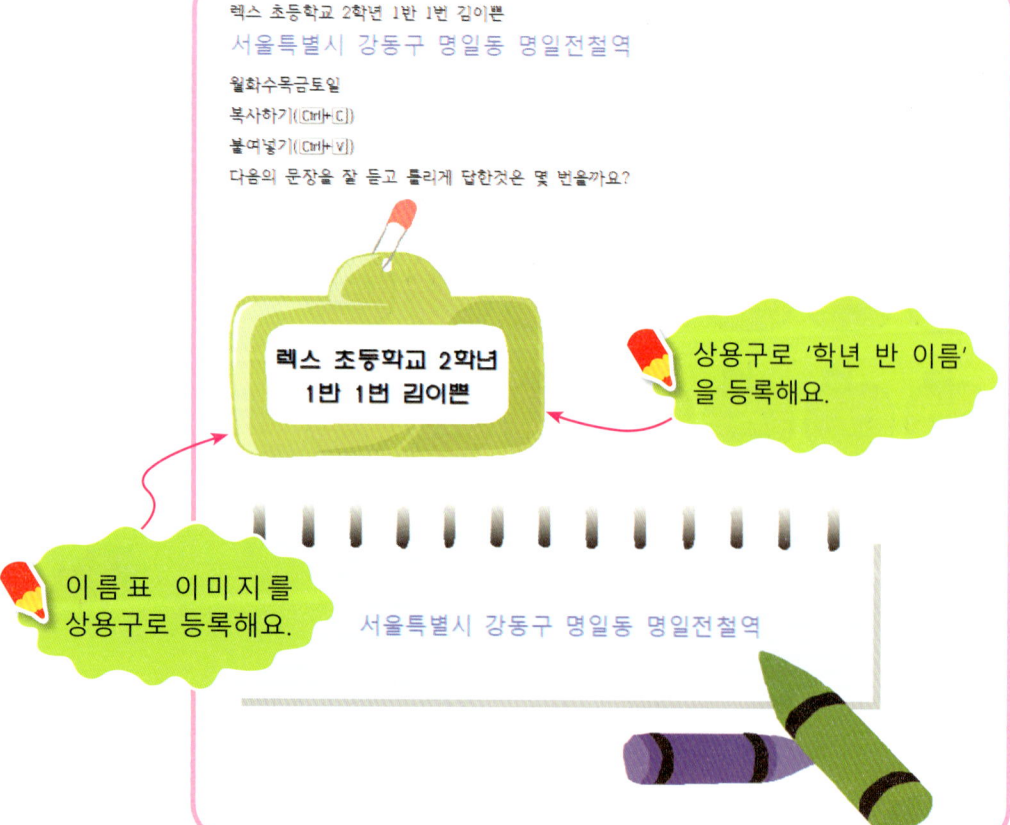

1 상용구 등록하기

01 〔11차시〕 폴더에서 '상용구예제.hwpx' 파일을 열고 첫 번째 문단을 드래그하여 블록으로 지정한 후 〔입력〕 탭의 〔목록(∨)〕-〔입력 도우미〕-〔상용구〕-〔상용구 등록〕을 선택해요.

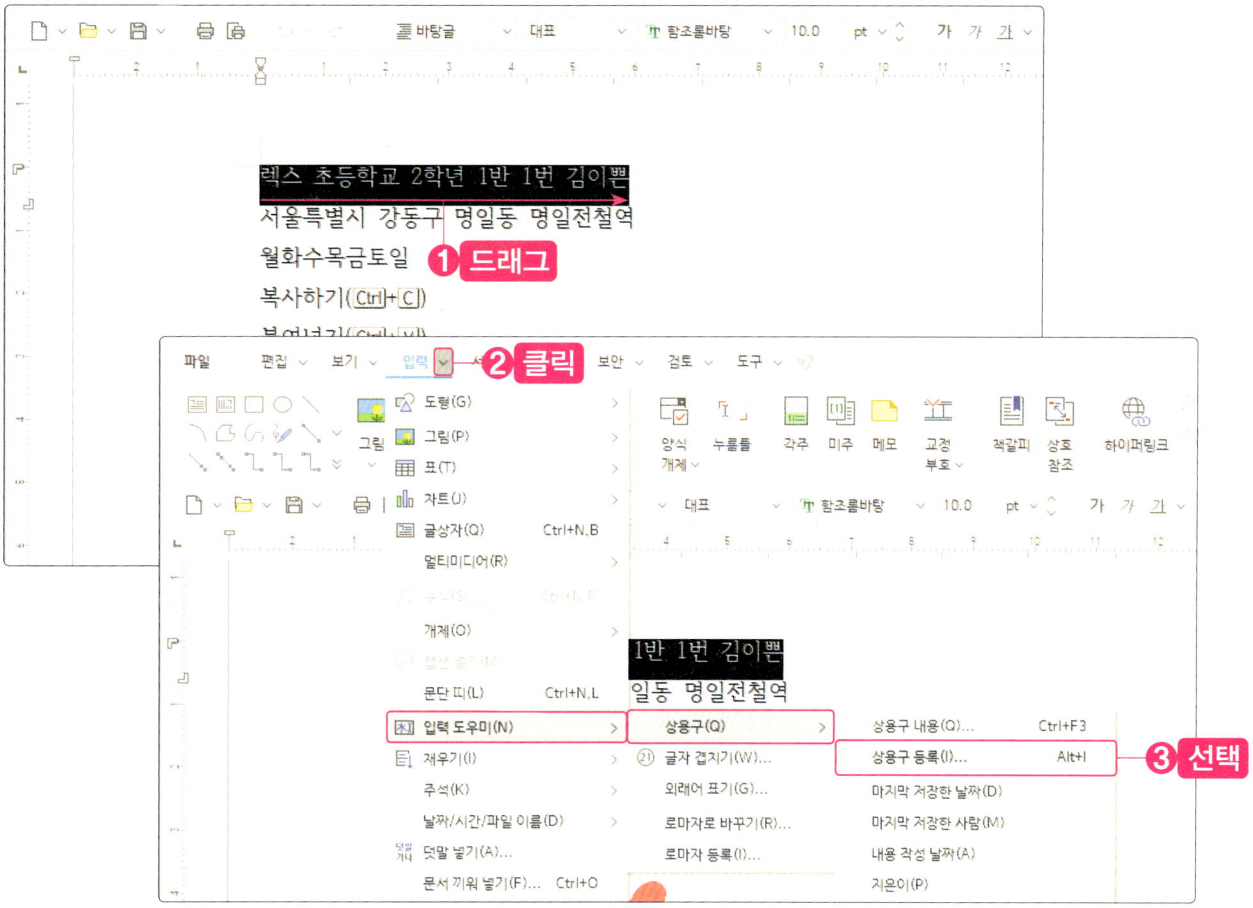

상용구 등록 : Alt + I

02 〔글자 상용구 등록〕 대화상자가 나타나면 준말과 설명이 입력되어 나타나요. 준말과 설명을 확인하고 〔등록〕을 클릭해요.
- 준말 : 렉스

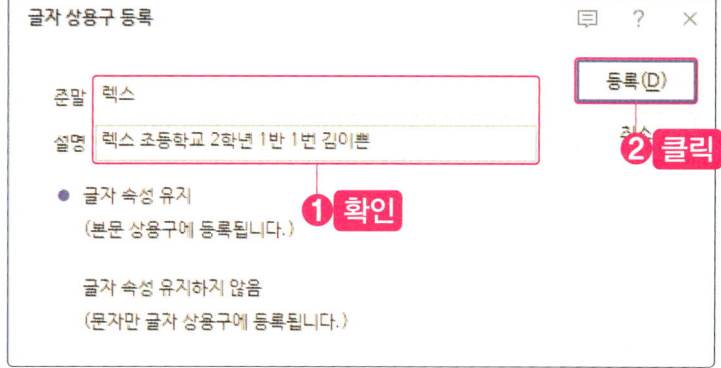

- 준말 : 준말은 상용구의 이름이에요. 일반적으로 본말의 첫 글자를 준말로 등록해요.
- 설명 : 등록하려는 상용구의 종류가 '본문 상용구'일 때에는 상용구 내용에 대한 설명을 입력해요.

Lesson 11 • 이름표를 상용구로 등록해요 73

03 두 번째 문단을 드래그하여 블록으로 지정하고 〔서식〕 도구 상자에서 글꼴과 글자 크기, 글자 색을 지정해요.

- 글꼴 : 맑은 고딕, 글자 크기 : 12pt, 글자 색 : 하늘색(RGB: 97,130,214)

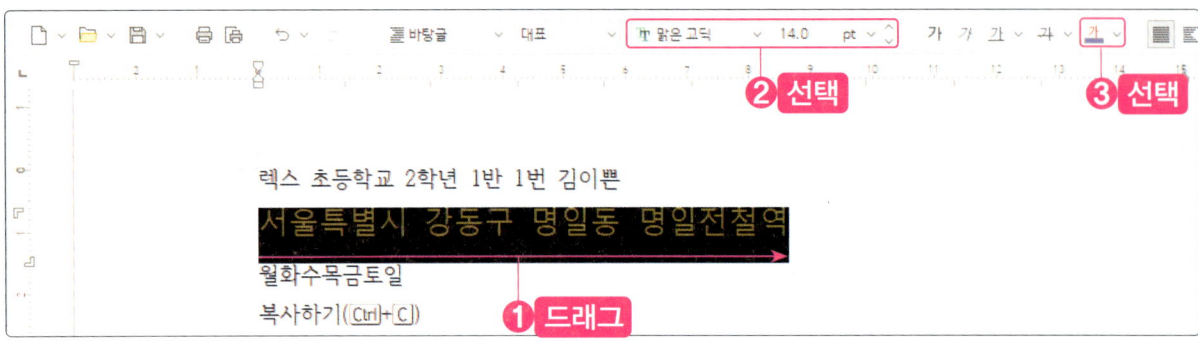

04 〔입력〕 탭의 〔목록(∨)〕-〔입력 도우미〕-〔상용구〕-〔상용구 등록〕을 선택해요.

05 〔상용구 등록〕 대화상자가 나타나면 준말을 수정하고 설명을 확인한 다음 〔등록〕을 클릭해요.

- 준말 : 주소

- 글자 속성 유지 : 현재 글자의 속성을 유지하여 상용구 목록에 등록해요.
  본문 상용구에는 글자, 표, 그림 등 한/글에서 사용하는 모든 내용들을 서식 그대로 등록할 수 있어요.
- 글자 속성 유지하지 않음 : 현재 글자의 속성을 유지하지 않고 글자만 상용구 목록에 등록해요.

2 등록된 상용구 확인하기

01 아래쪽 이름표 이미지에 '이곳에 내용을 입력하세요'라는 곳을 클릭하고 '렉스'를 입력한 후 상용구(Alt+I)를 실행해요.

02 다음과 같이 상용구에 등록된 설명으로 내용이 변경돼요.

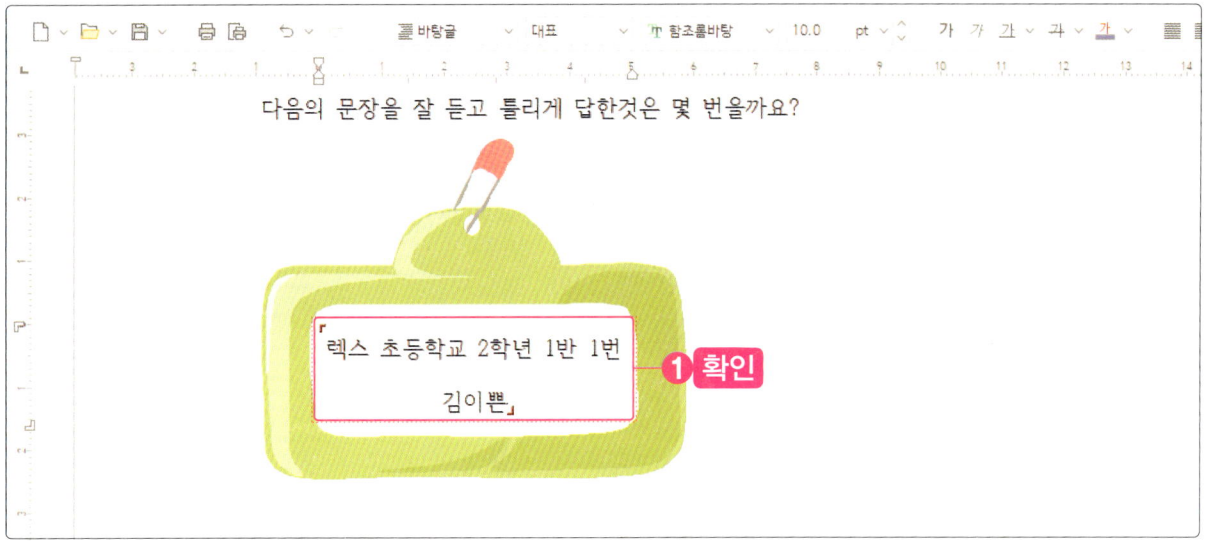

03 같은 방법으로 '주소'를 입력하고 상용구(Alt+I)를 실행해 보세요.

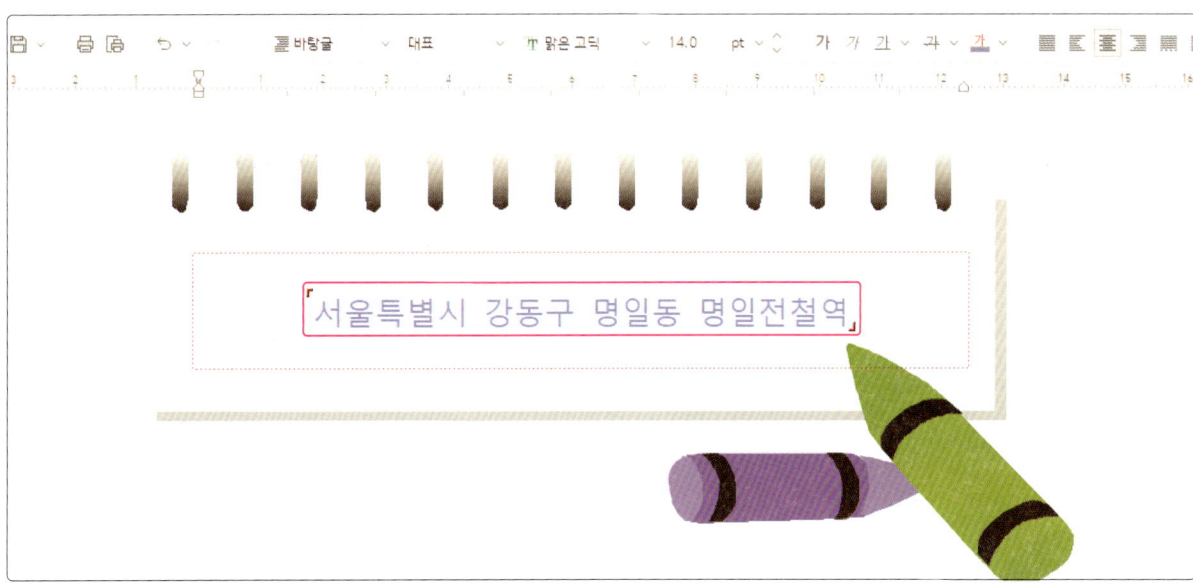

04 이름표를 드래그하여 블록으로 지정하고 〔서식〕 도구 상자에서 글꼴과 글자 크기, 줄 간격을 지정해요.

- 글꼴 : 양재튼튼체B, 글자 크기 : 14pt
- 줄 간격 : 110%

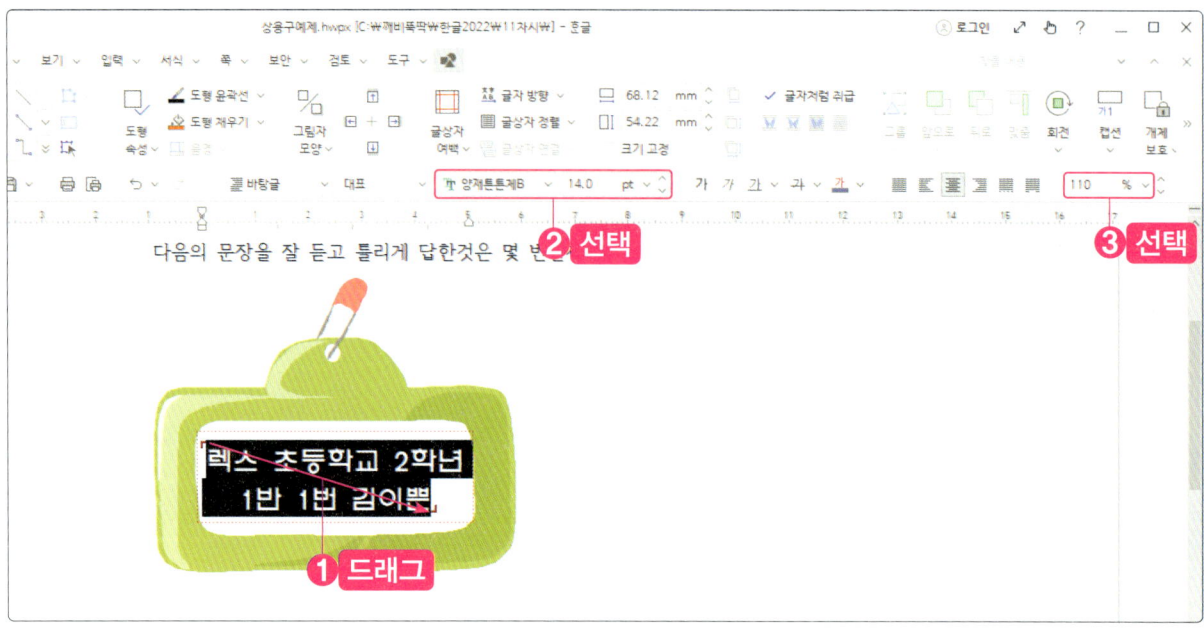

05 이름표 앞 빈 공간을 클릭하여 이름표 줄을 블록으로 지정하고 〔입력〕 탭의 〔목록(∨)〕-〔입력 도우미〕-〔상용구〕-〔상용구 등록〕을 선택해요.

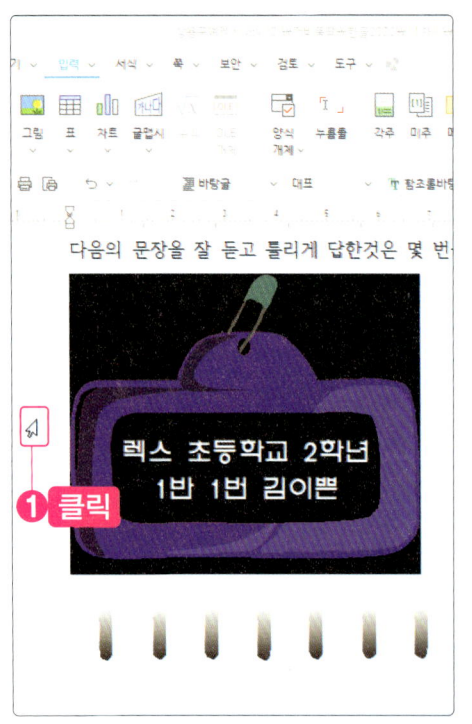 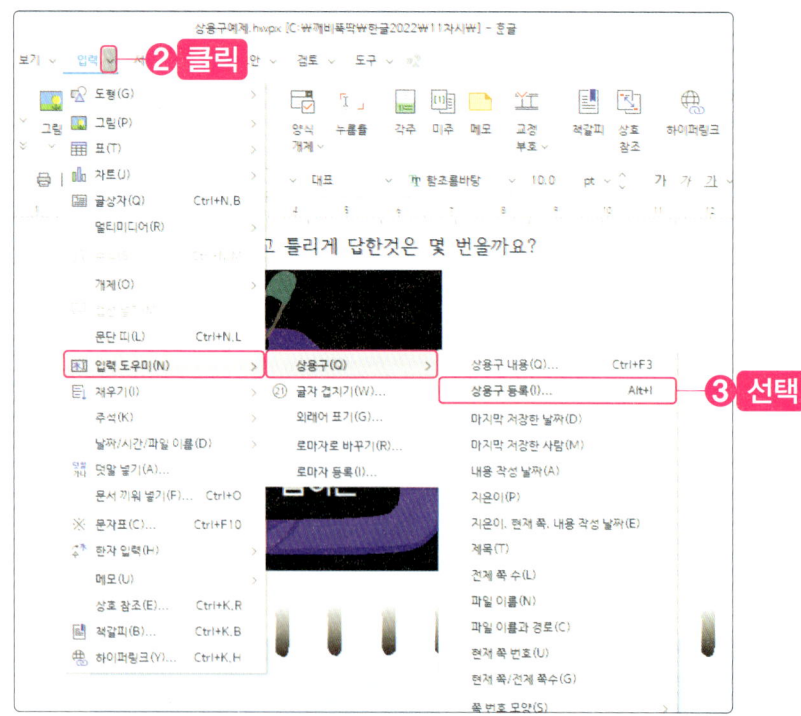

06 〔상용구 등록〕 대화상자가 나타나면 준말을 입력하고 〔설정〕을 클릭해요.

- 준말 : 이름표

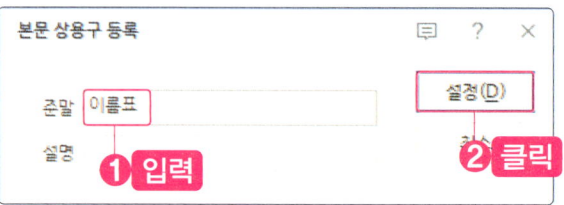

07 2페이지로 이동하고 '이름표'를 입력한 후 상용구(Alt+I)를 실행해요.

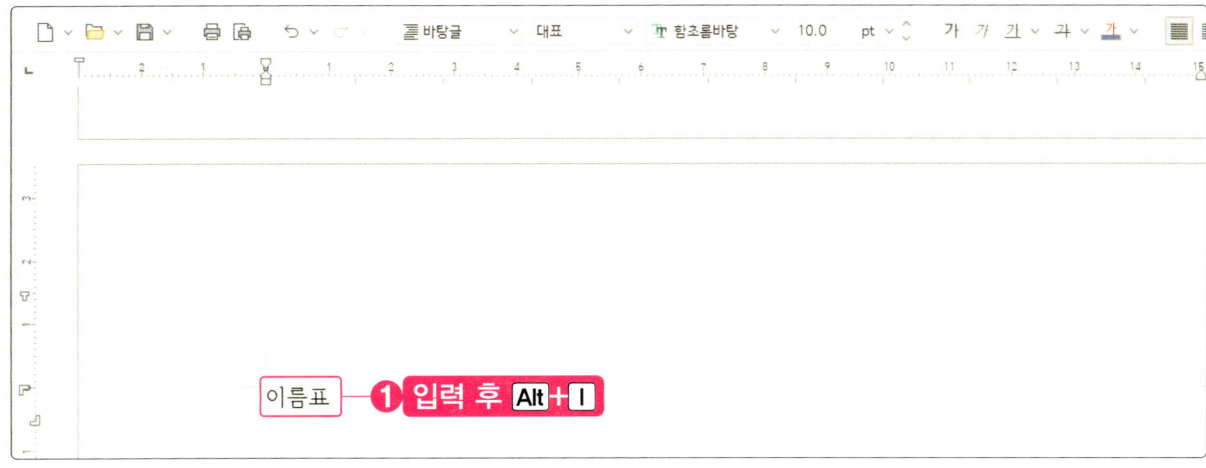

상용구로 입력 된 이름표는 나중에 학년반을 수정도 가능합니다.

08 다음과 같이 상용구를 이용하여 작성해 보세요.

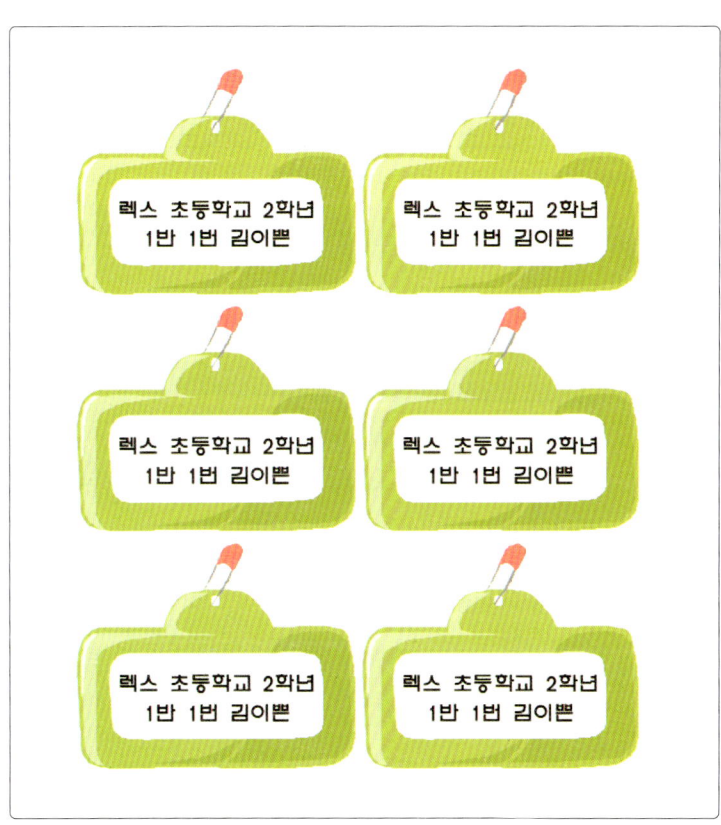

상용구 등록한 내용을 확인하려면...
Ctrl+F3를 누르면 상용구 대화상자가 나타나요.
[본문 상용구] 탭을 클릭하면 내가 등록한 상용구 내용을 확인할 수 있어요.

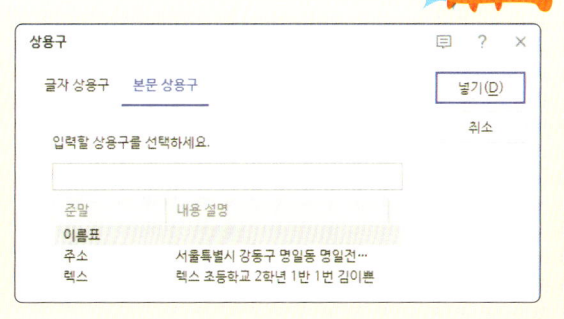

Lesson 11 • 이름표를 상용구로 등록해요 77

1 〔새 문서〕를 열고 도형을 이용하여 다음과 같이 만들어 보세요.

• 예제 파일 : 없음   완성 파일 : 11차시\날짜_완성.hwpx

- 도형 : 직사각형(□)
  사각형 모서리 곡률 : 둥근 모양(◌)
  채우기 색은 자유롭게 지정해요.
- 글상자 : '월', '일', '요일', '선생님확 인', '부모님확 인'
  글꼴 및 크기는 자유롭게 지정해요.
- 모든 개체를 선택하고 '개체 묶기'를 해요.
  개체를 더블클릭한 후 〔개체 속성〕 대화상자 〔기본〕 탭에서 〔글자처럼 취급〕을 선택
- 상용구를 등록(날짜)하고 실행해 보세요.

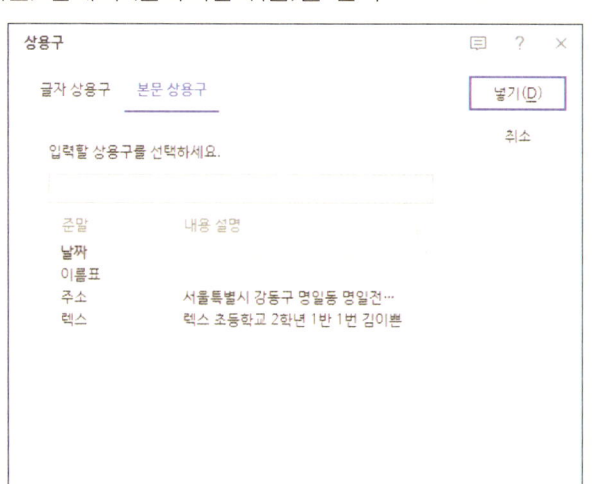

Lesson 12

알림장 표지 디자인하기

배울 수 있어요!
◆ 편집용지를 설정하고 변경해요.
◆ 알림장 표지를 도형을 이용하여 디자인해요.
◆ 도형의 설정을 변경해요.

학교생활에 필요한 알림장 표지를 예제로 만들며 한글의 고급 기능을 학습할 예정이에요. 한글의 중요한 기능과 알림장의 형식을 배우면서 문서작성 실력을 쌓아보도록 해요. 알림장 표지를 디자인하는 방법에 대해 학습하도록 해요.

❂ 예제 파일 : 없음   ❂ 완성 파일 : 12차시\알림장_완성.hwpx

- 직사각형(□) 도형을 입력하여 표지를 디자인해요.
- [개체 속성]에서 도형의 설정을 변경해요.

1 용지 설정하고 보기 형태 바꾸기

01 한글을 실행하고 [쪽] 탭-[편집 용지]를 클릭해요.

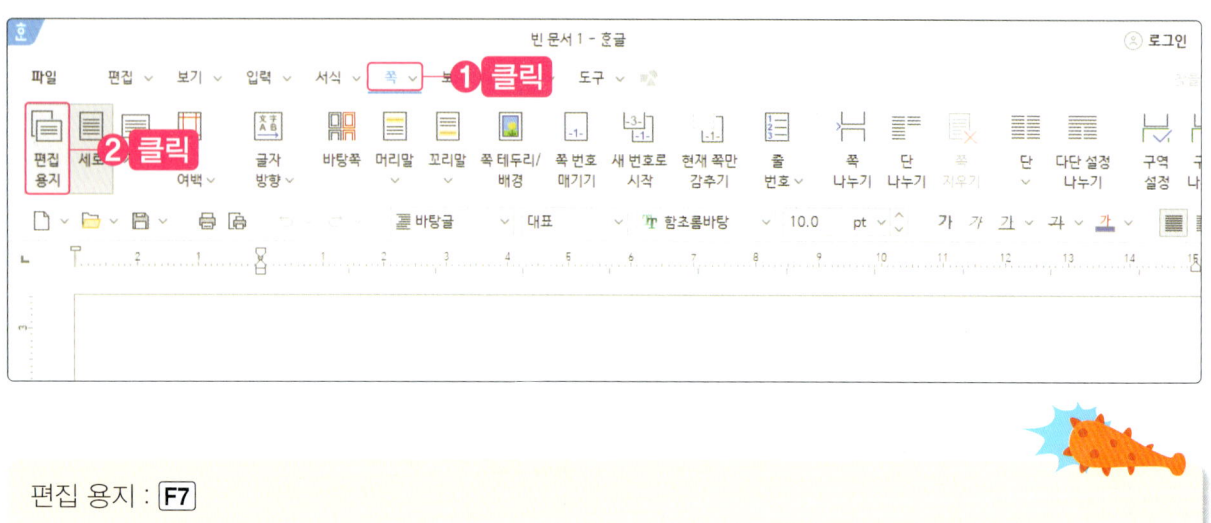

편집 용지 : F7

02 [편집 용지] 대화상자가 나타나면 [기본] 탭에서 용지 종류 및 용지 여백을 지정하고 [설정]을 클릭해요.

- 용지 종류
  종류 : A4(국배판) [210x297 mm]
- 용지 여백
  위쪽/아래쪽/왼쪽/오른쪽 : 5mm
  머리말/꼬리말/제본 : 0mm

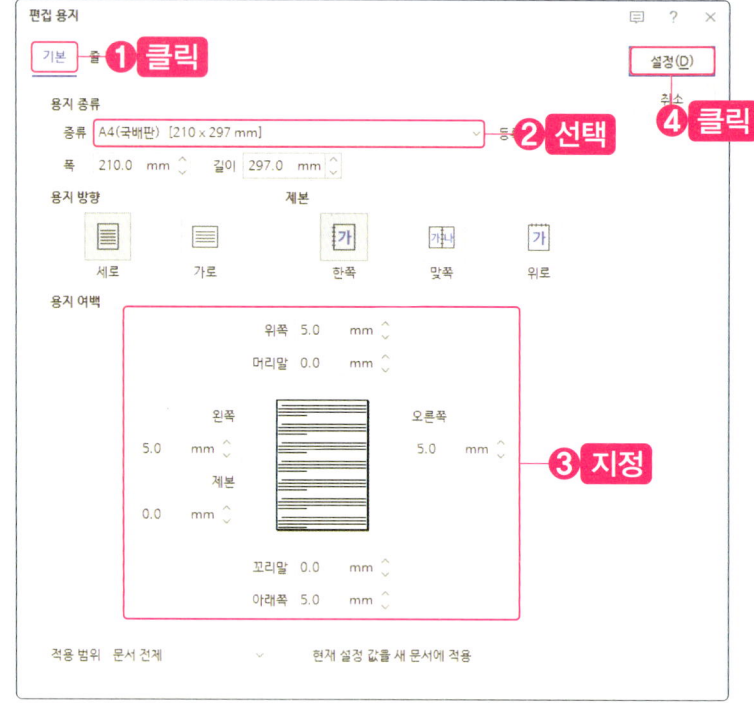

03 [보기] 탭에서 [쪽 맞춤]을 선택해요.

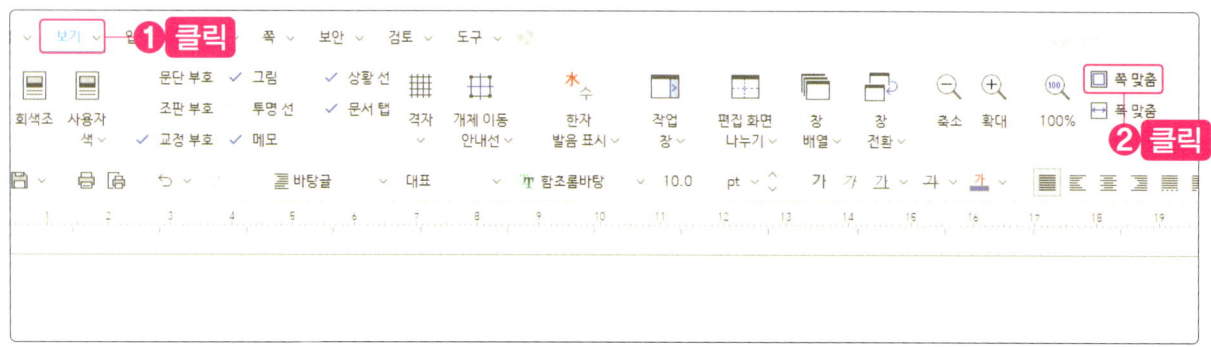

2 알림장 표지 디자인하기

01 〔입력〕 탭-〔직사각형(□)〕을 클릭하고 마우스 모양이 ┼ 모양으로 변경되면 문서 편집 영역을 클릭해요.

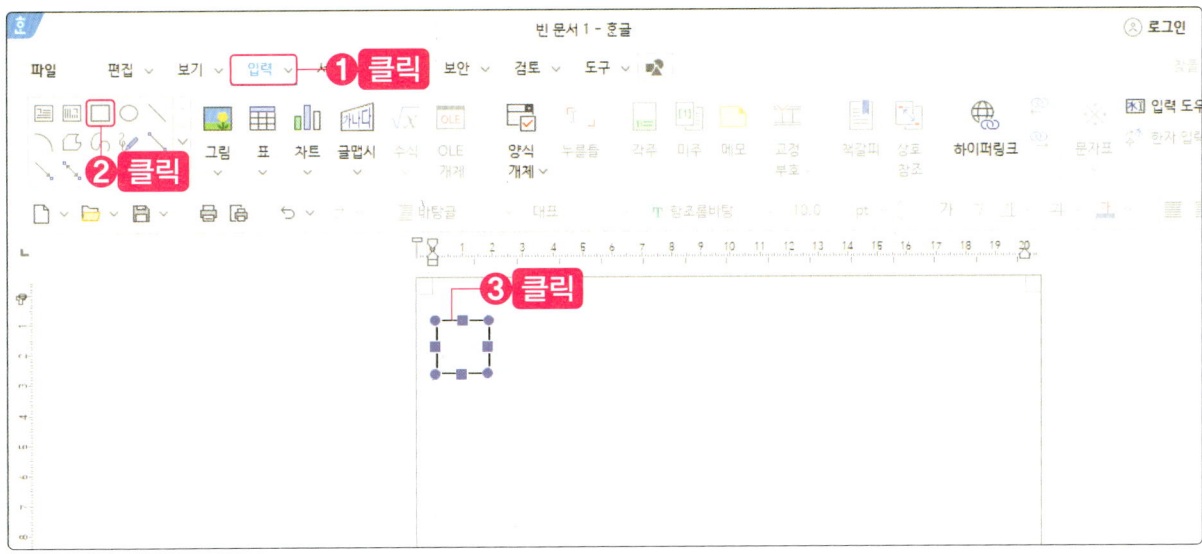

02 삽입 된 직사각형 도형을 더블클릭하고 〔개체 속성〕 대화상자가 나타나면 다음과 같이 속성을 지정해요.

❶ 〔선〕 탭
• 선 종류 : 선 없음

❷ 〔채우기〕 탭
• 면 색 : 노랑(RGB: 255,215,0)

03 색이 변경되면 크기 조절점을 드래그하여 크기를 조절해요.

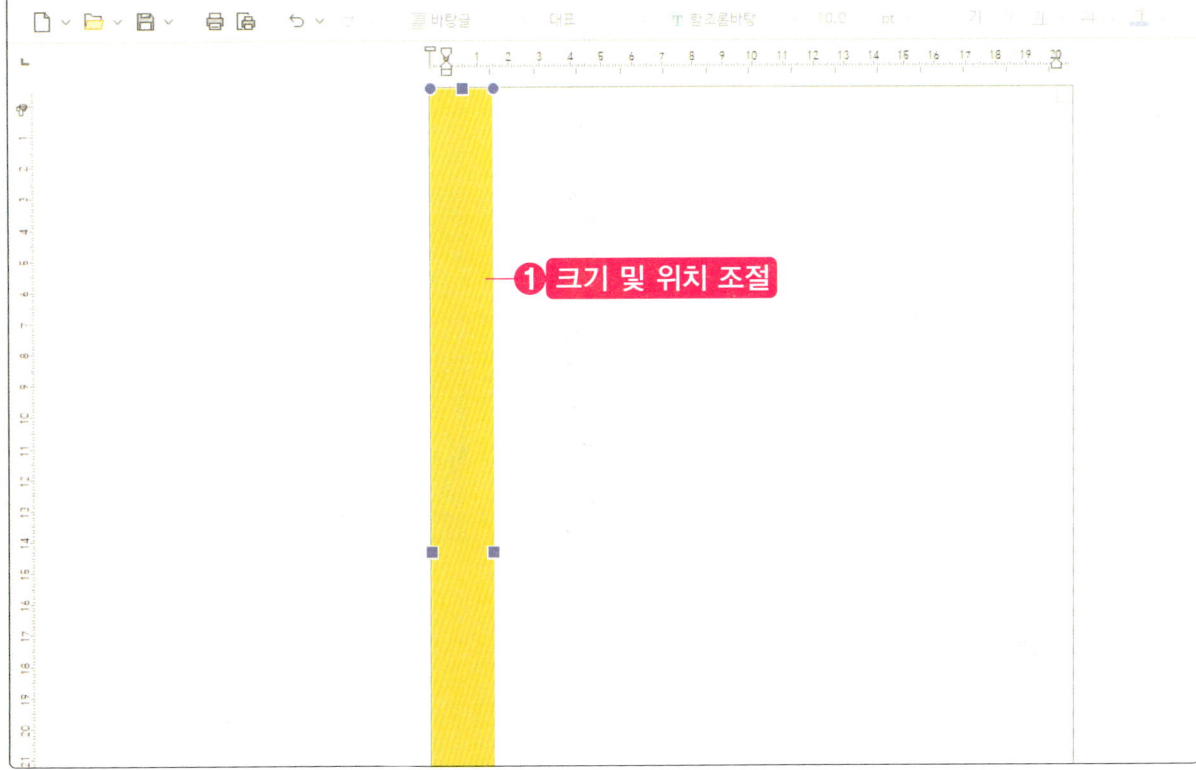

04 입력한 사각형을 Ctrl+드래그하여 복사하고 크기를 조절한 후 더블클릭하여 사각형의 채우기 색을 변경해요.

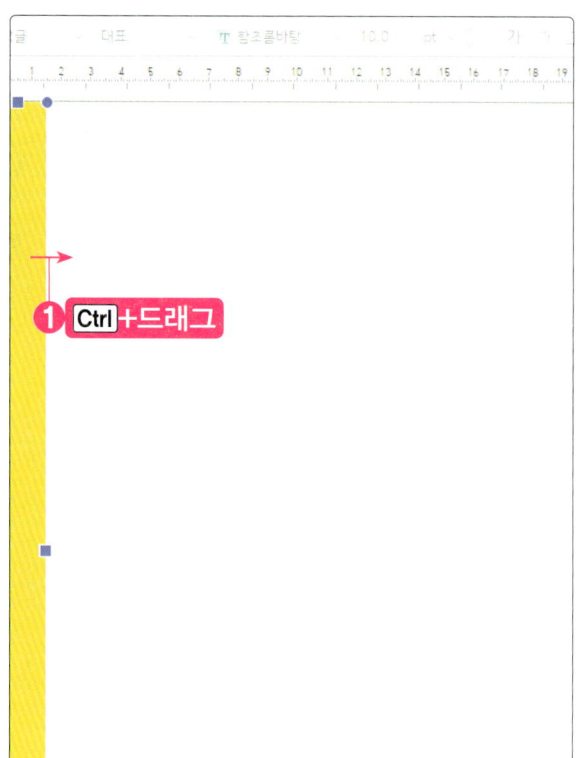
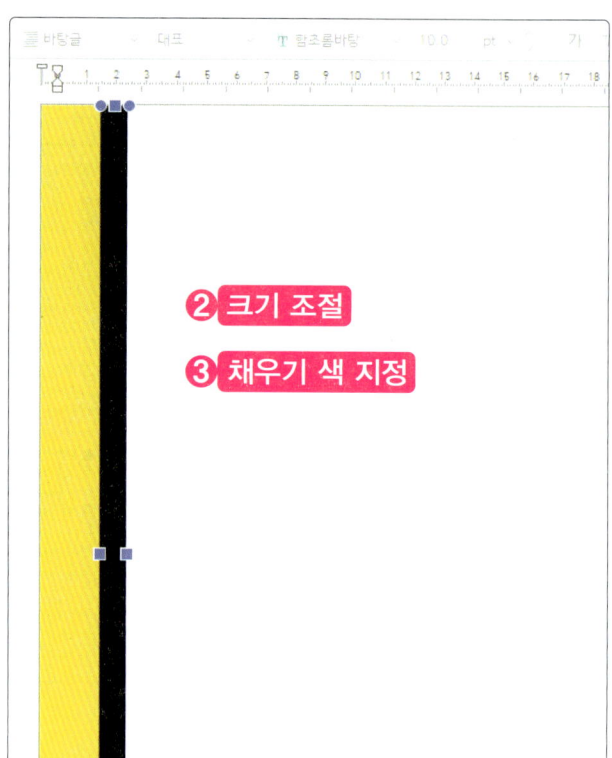

05 같은 방법으로 도형을 복사하고 채우기 색을 변경해요.

채우기 색은 자유롭게 꾸며 보세요.

마우스를 이용하여 도형 복사하기
- Ctrl+드래그 : 하나의 개체가 복사돼요.
- Ctrl+Shift+드래그 : 수직이나, 수평으로 정렬 복사돼요.

06 〔입력〕 탭-〔직사각형(□)〕을 클릭하고 드래그하여 도형을 삽입한 후 더블클릭해요.

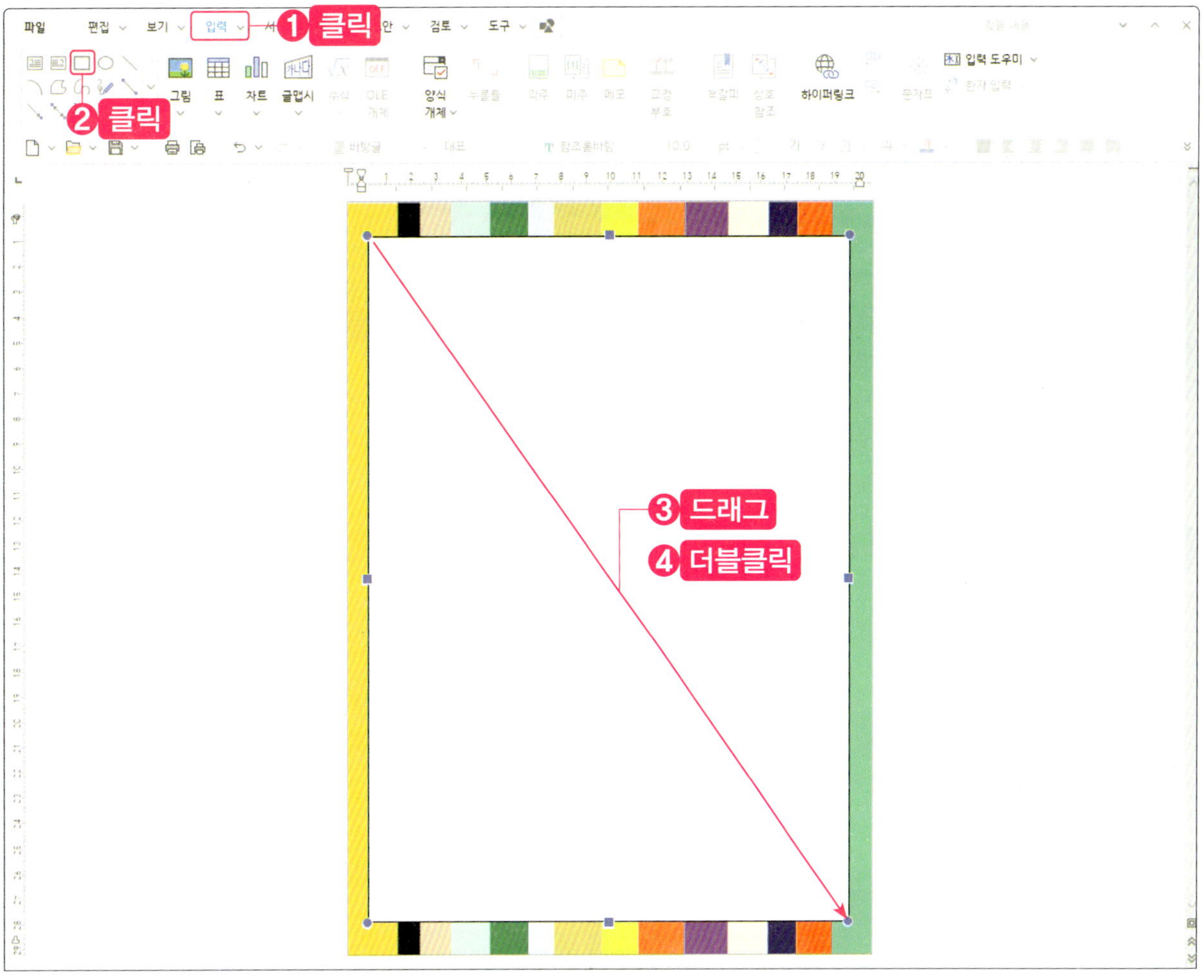

07 〔개체 속성〕 대화상자가 나타나면 다음과 같이 속성을 지정해요.

① 〔기본〕 탭
- 너비 : 193mm, 높이 : 273mm

③ 〔채우기〕 탭
- 투명도 : 20%

② 〔선〕 탭
- 선 종류 : 선 없음
- 사각형 모서리 곡률
  둥근 모양(○), 곡률 지정 : 5%

08 〔입력〕 탭-〔그림(🖼)〕을 클릭하고 〔그림 넣기〕 대화상자가 나타나면 '12차시\12-05.png' 파일을 선택한 후 〔문서에 포함〕 및 〔마우스로 크기 지정〕을 선택한 다음 〔열기〕를 클릭해요.

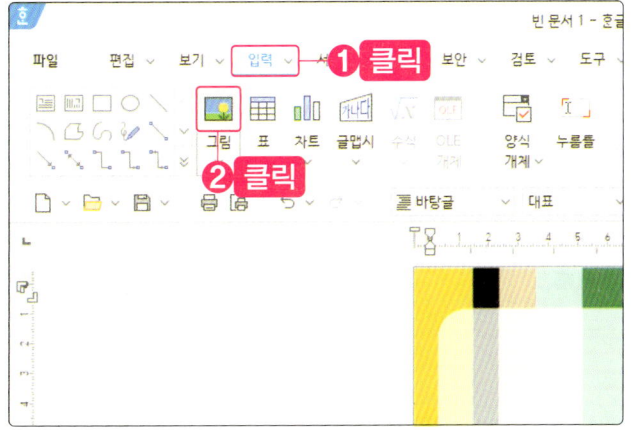

Lesson 12 • 알림장 표지 디자인하기 83

09 드래그하여 그림을 삽입해요. 그림이 도형 뒤에 위치해 보이지 않을 경우 〔그림( )〕 탭에서 〔글 앞으로( )〕를 선택해요.

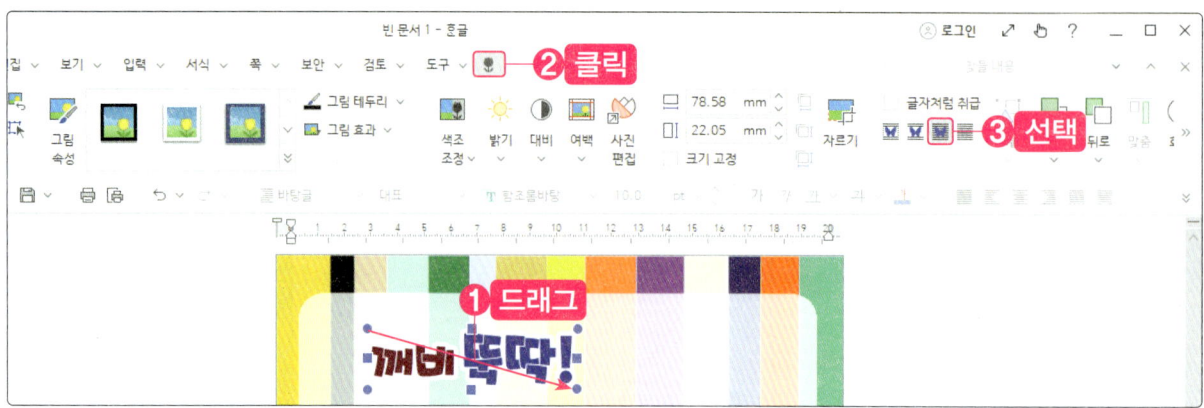

10 같은 방법으로 나머지 그림들을 배치해 알림장을 만들어요.

알림장을 자유롭게 꾸며보세요.

11 알림장 앞에 이름표를 만들기 위해 이름표 이미지를 넣고, 글상자를 이용해서 '   초등학교   학년   반 이름 :   '을 적는 란을 만들고 〔서식〕 도구 상자에서 글꼴 및 글자 크기를 변경해요.

- 글꼴 : 휴먼옛체, 글자 크기 : 12pt

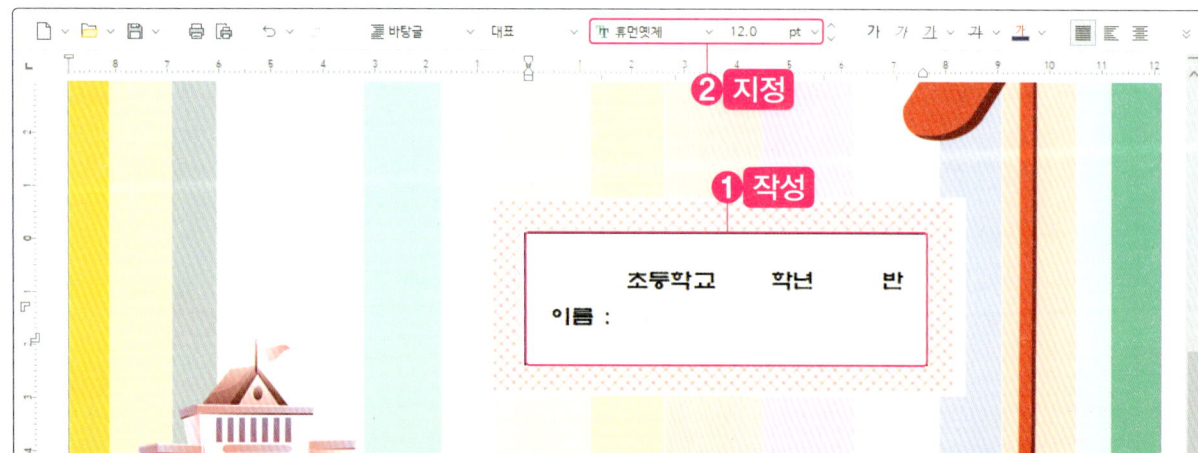

오늘 수업의 미션!

1 〔12차시〕 폴더의 '뒷장.hwpx' 파일을 열고 알림장의 뒷장을 완성한 후 저장해 보세요.

- 예제 파일 : 12차시\뒷장.hwpx   완성 파일 : 12차시\뒷장_완성1.hwpx, 뒷장_완성2.hwpx

- 위 뒷면을 참고하여 자유롭게 꾸며 보세요.
- 알림장의 뒷면이기 때문에 너무 많은 이미지를 삽입하거나 화려하게 만들지 않도록 해요.

- 〔글상자〕를 이용하여 글자를 입력해요.

> ★ 만든이 : 유재석
> ★ 만든 날짜 : 2025년 9월 15일
> ★ 이 알림장은 저작권법에 따라 보호받는 저작물이므로 무단전제와 무단복제를 금지하며, 습득시 꼭 주인에게 찾아주시기 바랍니다.

Lesson 12 • 알림장 표지 디자인하기

Lesson 13

배울 수 있어요!
◆ 그림을 삽입하고 그림의 크기를 변경해요.
◆ 그림의 개체속성을 변경해요.

기침 예절 알아보기

오늘은 보건 선생님이 보건교육을 해 주시는데 여러 질병을 설명해 주시면서 그림으로 설명을 해 주시니까 쉽게 이해도 되고 어떻게 해야 하는 지도 금방 알게 되었어요.
문서의 내용에 맞는 그림을 삽입하거나 문서 내용을 보충 설명하기 위해 문서에 그림을 삽입하면 문서를 이해하는 데 도움이 돼요. 문서의 내용에 맞는 그림을 삽입하고 배치하고 편집하는 방법을 학습하도록 해요.

✿ **예제 파일** : 13차시\기침예절.hwpx　　✿ **완성 파일** : 13차시\기침예절_완성.hwpx

1 그림을 삽입하기

01 〔13차시〕 폴더에서 '기침예절.hwpx' 파일을 열고 그림을 삽입하기 위해 〔입력〕 탭-〔그림(🖼)〕을 선택한 후 〔그림 넣기〕 대화상자가 나타나면 '13차시\예절.png' 파일을 선택한 다음 〔문서에 포함〕을 선택하고 〔열기〕를 클릭해요.

02 그림을 더블클릭하고 〔개체 속성〕 대화상자가 나타나면 다음과 같이 속성을 지정해요.

❶ 〔기본〕 탭
- 크기 ⇒ 너비 : 30mm, 높이 : 30mm
- 위치 ⇒ 본문과의 배치 : 어울림(▨)

❷ 〔선〕 탭
- 선 색 : 하늘색(RGB: 97,130,214) 60% 밝게
- 선 종류 : 실선, 굵기 : 1mm

❸ 〔그림자〕 탭
- 대각선 오른쪽 아래(▨), 흐리게 : 2pt, 거리 : 2pt

03 다음과 같이 그림에 속성이 지정돼요.

□ 기침예절
  ○ 옷소매 위쪽이나 휴지로 입과 코를 가리고 기침하기
  ○ 기침한 후에는 흐르는 물에 30초 이상 손씻기

2. 글 상자와 그림 배치하기

01 〔입력〕 탭-〔가로 글상자(▭)〕를 클릭하고 문서에 클릭하여 삽입한 후 '기침예절 알아보기'를 입력해요.

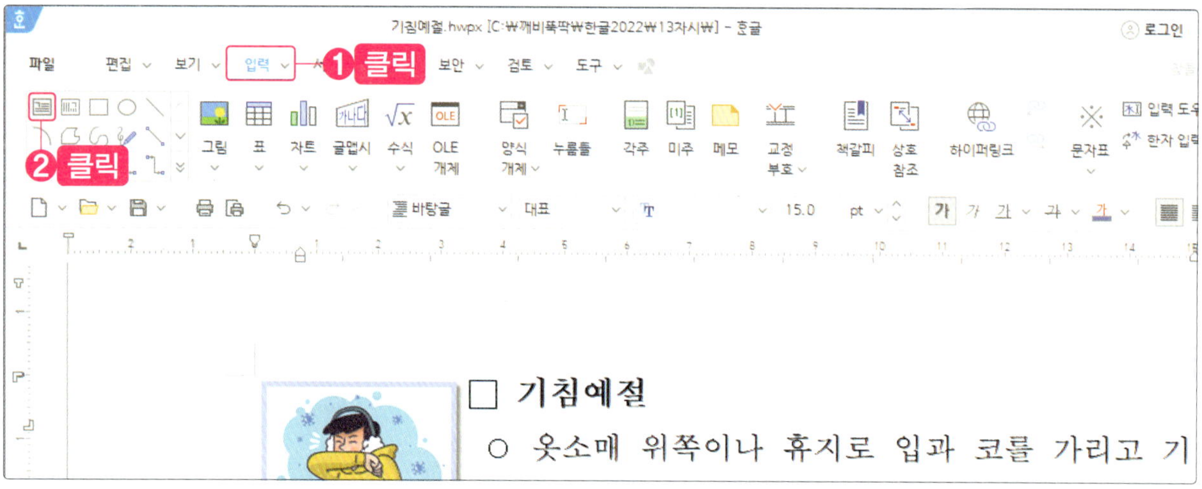

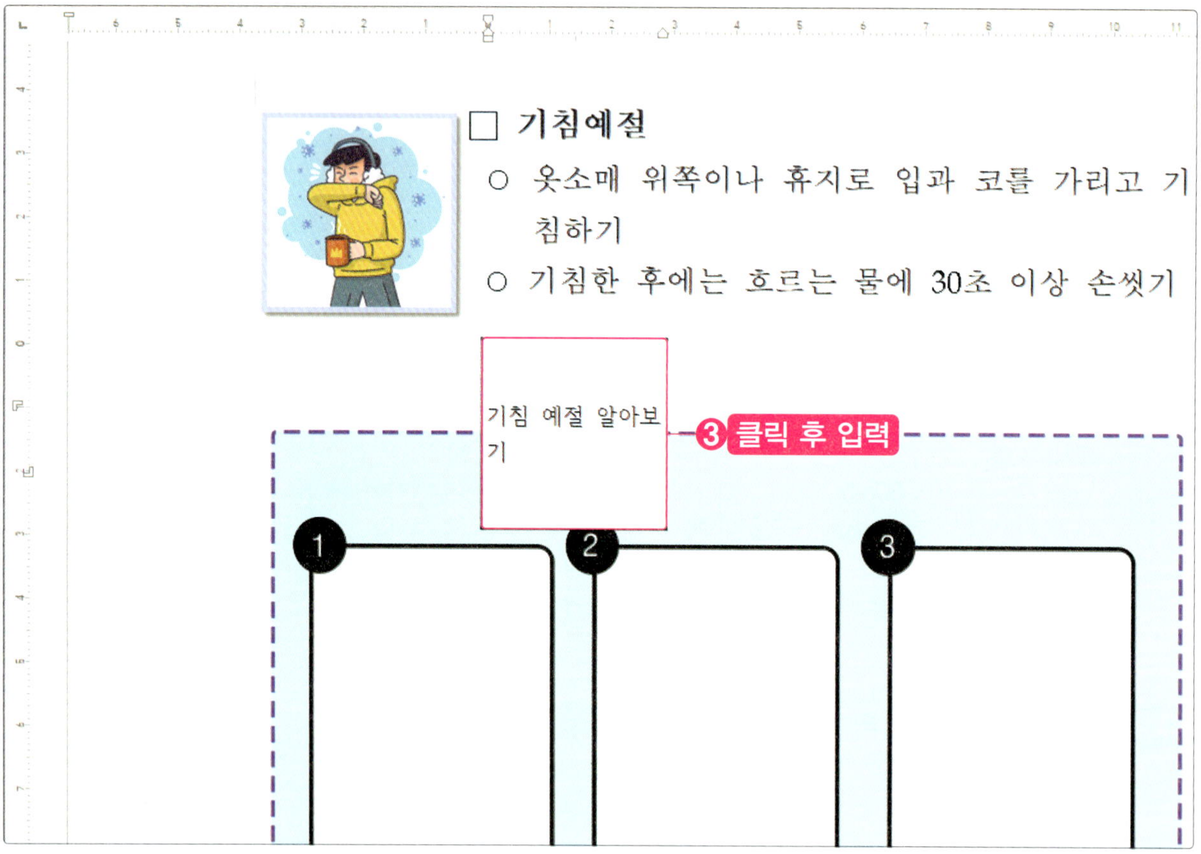

02 가로 글상자를 더블클릭하고 〔개체 속성〕 대화상자가 나타나면 다음과 같이 속성을 지정해요.

❶ 〔기본〕 탭
  • 너비 : 100mm, 높이 : 15mm
❸ 〔그림자〕 탭
  • 종류 : 오른쪽 아래(▨)
  • 그림자 : 가로 방향 이동 : 1mm, 세로 방향 이동 : 1mm
❷ 〔선〕 탭
  • 선 색 : 하늘색(RGB: 97,130,214)
  • 굵기 : 0.5mm

03 글상자 위치를 이동하고 '기침 예절 알아보기'를 드래그하여 블록으로 지정한 후 [서식] 도구 상자에서 글꼴과 글자 크기, 정렬을 지정해요.

- 글꼴 : 한컴 윤고딕 250, 글자 크기 : 24pt
- 가운데 정렬(≡)

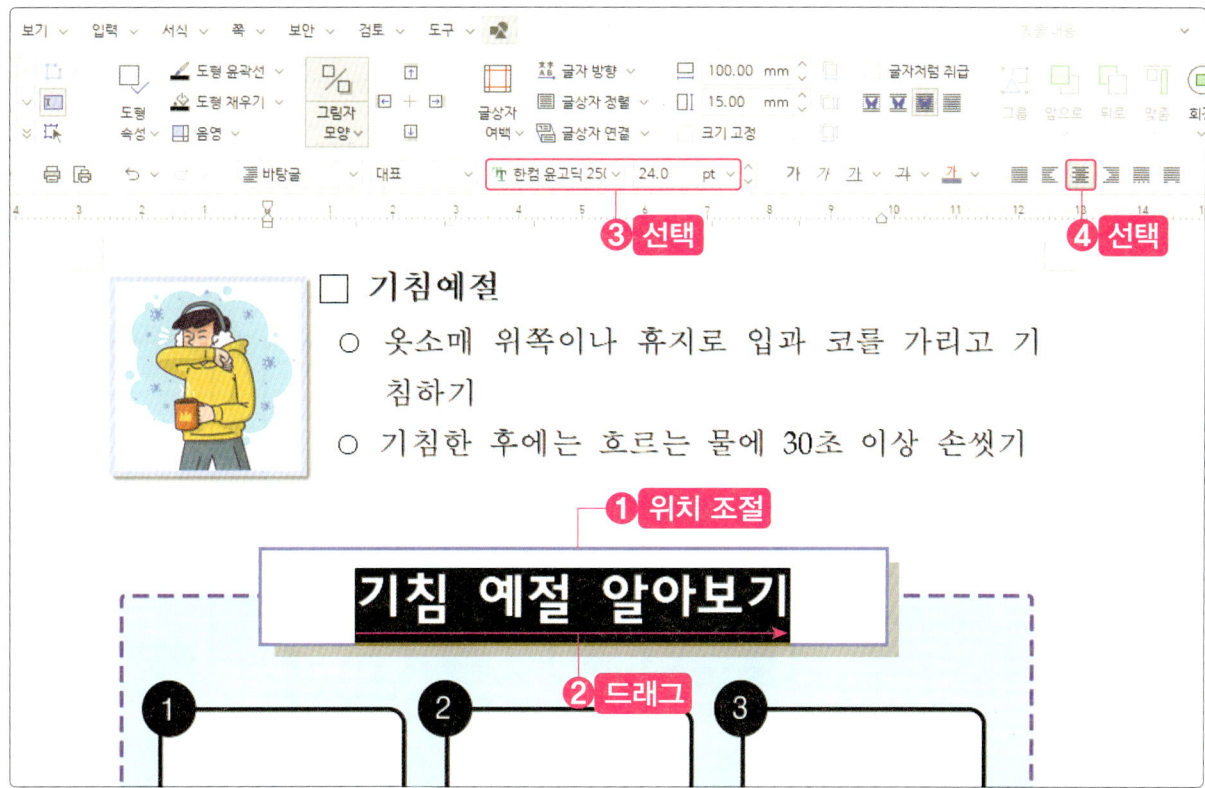

04 [입력] 탭-[그림( )]을 선택하고 [그림 넣기] 대화상자가 나타나면 '13차시\기침1.png' 파일을 선택한 후 [문서에 포함]과 [마우스로 크기 지정]을 선택한 다음 [열기]를 클릭해요.

05 드래그하여 그림을 삽입해요. 같은 방법으로 기침2와 기침3에 그림을 삽입해요.

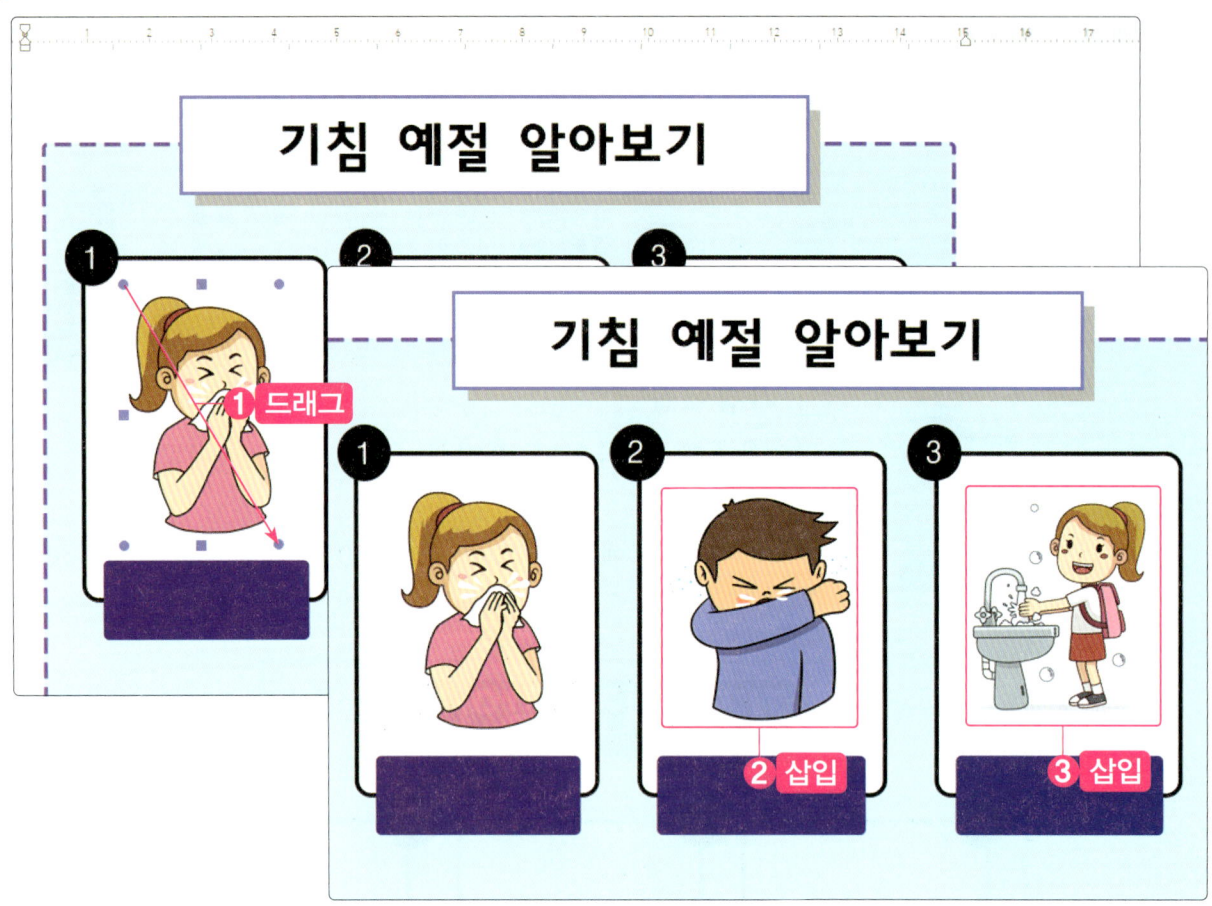

06 〔입력〕 탭-〔가로 글상자(▭)〕를 선택하고 드래그하여 글상자를 작성해요.

07 글상자를 더블클릭하고 〔개체 속성〕 대화상자가 나타나면 다음과 같이 속성을 지정해요.

❶ 〔선〕 탭
  • 선 종류 : 선 없음

❷ 〔채우기〕 탭
  • 채우기 : 색 채우기 없음

08 글상자에 '휴지나 손수건은 필수'를 입력하고 드래그하여 블록을 지정한 후 〔서식〕 도구 상자에서 글꼴과 글자 크기, 글자 색, 정렬을 선택해요.

  • 글꼴 : 한컴 윤고딕 250, 글자 크기 : 11pt, 글자 색 : 하양(RGB: 255,255,255)
  • 정렬 : 가운데 정렬(≡)

09 Ctrl+드래그하여 글상자를 복사하고 내용을 수정해요.

오늘 수업의 미션!

1 〔13차시〕 폴더의 '질병의 종류.hwpx' 파일을 열고 자유롭게 꾸며 보세요.

- 예제 파일 : 13차시\질병의 종류.hwpx
- 완성 파일 : 13차시\질병의 종류_완성.hwpx

초등학생이 자주 걸리는 질병알아보기

치통
▶ 단것을 많이 먹었다, 음식을 먹고 이를 닦지 않았다.
→ 이가 썩어서 아프다.

복통
▶ 더러운 손으로 음식을 먹었다, 상한 음식을 먹었다.
→ 배가 아프다, 설사를 한다.

감기
▶ 체온 관리를 하지 못했다, 병균이 섞인 공기를 들이마셨다.
→ 콧물, 기침이 난다.

눈병
▶ 더러운 손으로 눈을 만졌다
→ 눈이 가렵거나 아프다.

척추 측만증
▶ 바르지 않은 자세로 생활했다.
→ 척추가 휘어서 허리에 통증이 있다.

일사병
▶ 햇볕이 강한 날에 야외 활동을 했다.
→ 일사병에 걸린다.

- 본문과의 배치 : 어울림(▦)
- 바깥 여백 ⇒ 오른쪽 : 5mm

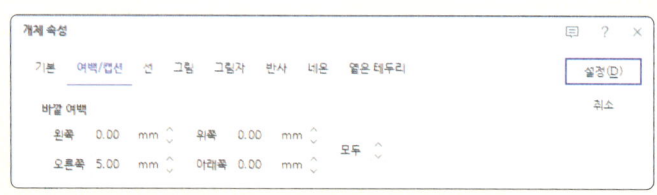

Lesson 14

실험 보고서 만들기

- 표를 문서에 삽입해요.
- 표에 글자를 입력하고 크기를 변경해요.
- 표의 선모양을 변경해요.

문서 작성 프로그램에서 글 쓰는 것 외에 가장 많이 쓰이는 개체 중 하나가 '표'에요. 표를 작성하여 보고서를 만들기도 하고 각종 컴퓨터 자격시험문제로도 자주 나오는 것 중의 하나가 바로 이 '표'에요. 오늘은 기본적인 표 만들기와 표에서 사용하는 주요 단축키에 대해 배우고 학습할 예정이에요.

🌸 예제 파일 : 없음   🌸 완성 파일 : 14차시\표 연습_완성.hwpx

왼쪽 정렬	가운데 정렬	오른쪽 정렬
안녕하세요?		
	안녕하세요?	
		안녕하세요?
	셀 가운데 정렬	셀 아래쪽 정렬

표의 높이/너비를 조절할 수 있어요.

실 험 보 고 서

표의 선모양을 변경할 수 있어요.

1 표 만들기

01 한글을 실행하고 〔입력〕 탭-〔표(▦)〕를 클릭해요.

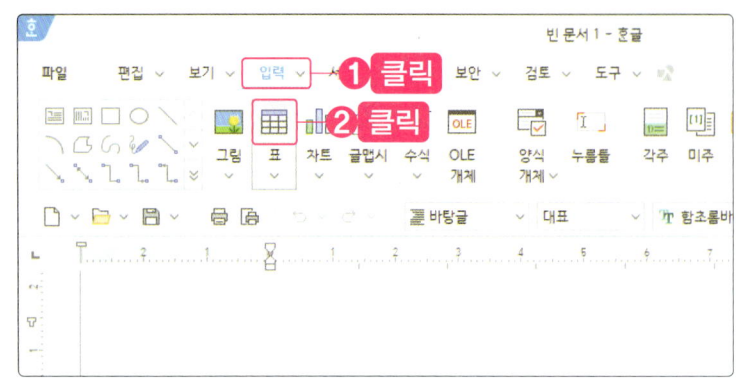

02 〔표 만들기〕 대화상자가 나타나면 줄 개수와 칸 개수를 지정하고 〔만들기〕를 클릭해요.
- 줄 개수 : 3
- 칸 개수 : 3
- 〔글자처럼 취급〕 선택

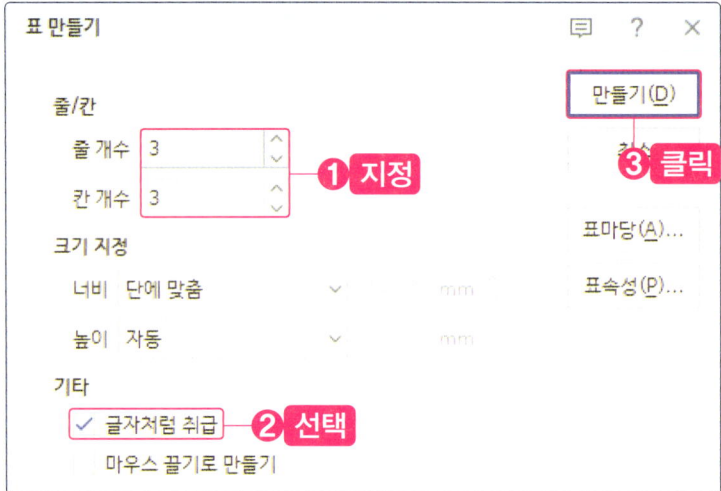

〔입력〕 탭-〔표〕를 클릭하고 줄 개수와 칸 개수에 맞게 드래그하여 선택해요.

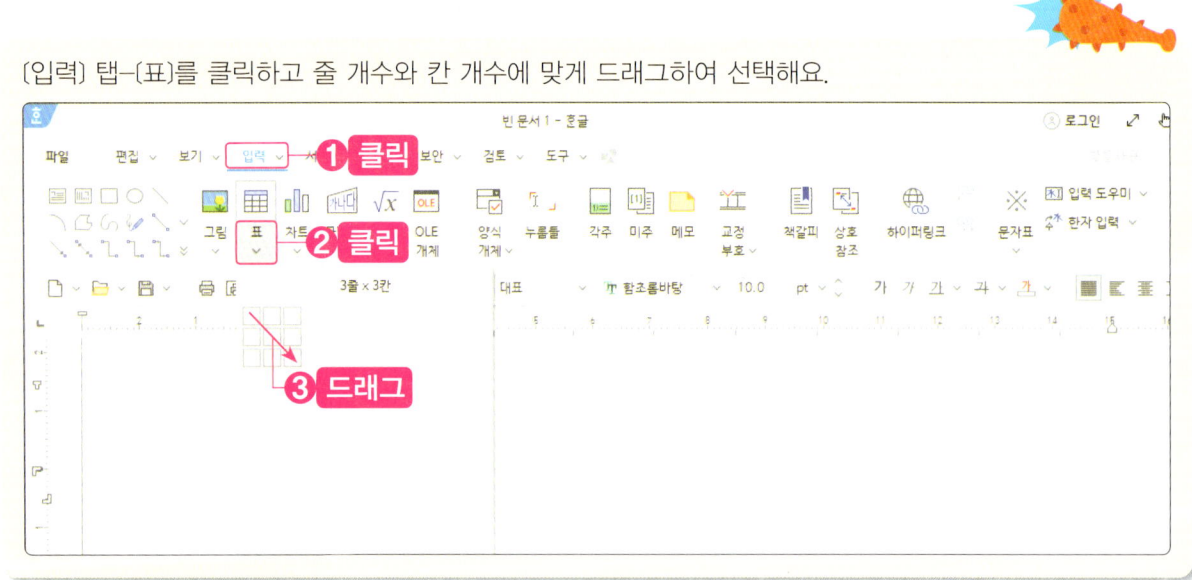

03 표가 삽입되면 다음과 같이 내용을 입력해요.

왼쪽 정렬	가운데 정렬	오른쪽 정렬
안녕하세요?	안녕하세요?	안녕하세요?
셀 위쪽 정렬	셀 가운데 정렬	셀 아래쪽 정렬

 표 너비/높이 조절하기

01 표의 높이를 조절하기 위해 2줄 1칸을 클릭하고 `F5`를 한번 눌러 셀 블록으로 지정한 후 `Ctrl`을 누른 상태에서 아래쪽 방향키(`↓`)를 눌러 셀 크기를 조절해요.

`Ctrl`를 누른 상태에서 아래쪽 방향키(`↓`)를 누르면 점점 두꺼워지고 위쪽 방향키(`↑`)를 누르면 점점 얇아져요.

표의 블록은 `F5`키로 지정해요.
- `F5` 한 번 누르기(회색 풍선) : 셀 하나가 선택되며 원하는 곳으로 이동할 수 있어요.
- `F5`+`F5` 두 번 누르기(빨간색 풍선) : 연속된 여러 개의 셀을 범위로 지정할 수 있어요.
- `F5`+`F5`+`F5` 세 번 누르기(빨간색 풍선) : 표 전체 선택이 가능해요.

02 1줄 1칸 ~ 1줄 3칸을 셀 블록으로 지정하고 [서식] 도구 상자에서 [왼쪽 정렬(≡)]을 선택해요. 그런다음 마우스 오른쪽 버튼을 눌러 바로가기 메뉴의 [표/셀 속성]을 선택해요.

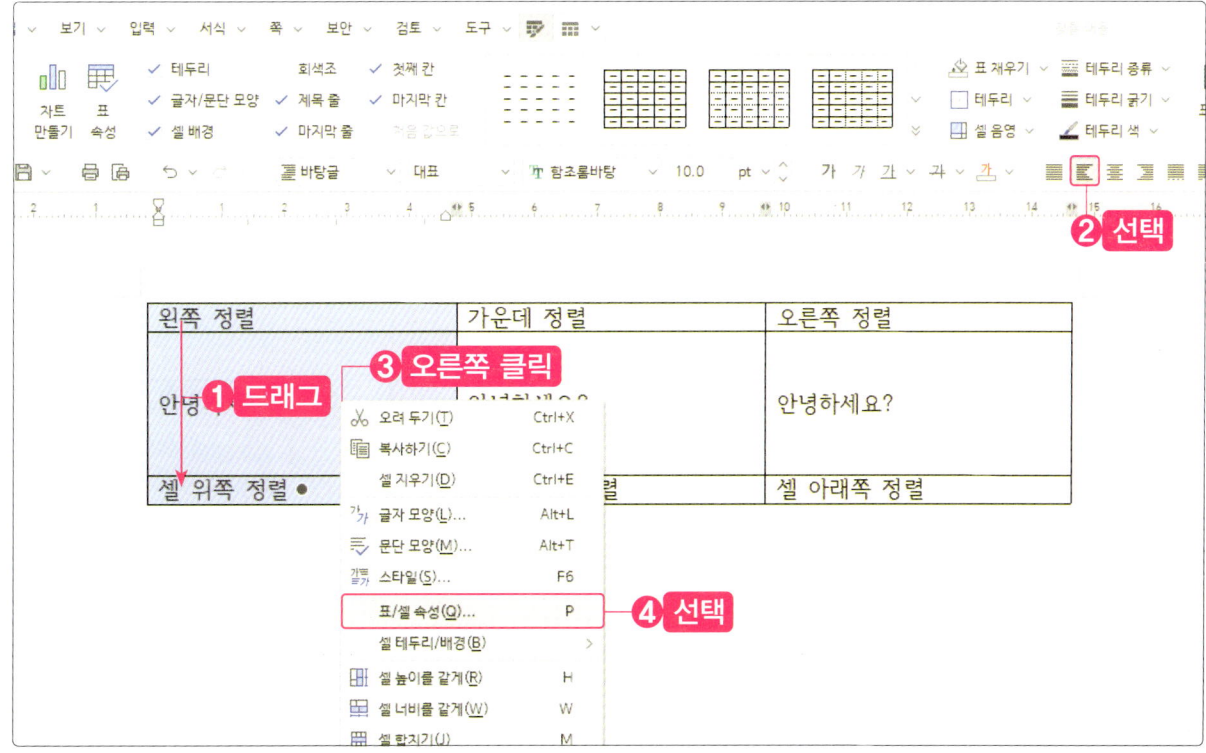

Lesson 14 • 실험 보고서 만들기 95

03 〔표/셀 속성〕 대화상자가 나타나면 〔셀〕 탭에서 속성을 지정하고 〔설정〕을 클릭해요.
- 세로 정렬 : 위(▭)

04 텍스트가 셀 위쪽에 정렬되면 같은 방법으로 2칸, 3칸 셀의 텍스트를 정렬해요.

- 2칸
  가로 정렬 : 가운데 정렬(▤)
  세로 정렬 : 가운데(▭)

- 3칸
  가로 정렬 : 오른쪽 정렬(▤)
  세로 정렬 : 아래(▭)

왼쪽 정렬	가운데 정렬	오른쪽 정렬
안녕하세요?	안녕하세요?	
		안녕하세요?
셀 위쪽 정렬	셀 가운데 정렬	셀 아래쪽 정렬

3 표 선모양 바꾸기

01 다음과 같이 3줄 3칸 표를 작성해요.

왼쪽 정렬	가운데 정렬	오른쪽 정렬
안녕하세요?	안녕하세요?	
		안녕하세요?
셀 위쪽 정렬	셀 가운데 정렬	셀 아래쪽 정렬

02 표의 가운데 셀 세로 경계선을 좌우로 드래그하여 너비를 조절한 후 F5 를 눌러 셀 블록을 지정하고 Ctrl 을 누른 상태에서 아래 방향키(↓)로 다음과 같이 표 높이를 조절해요.

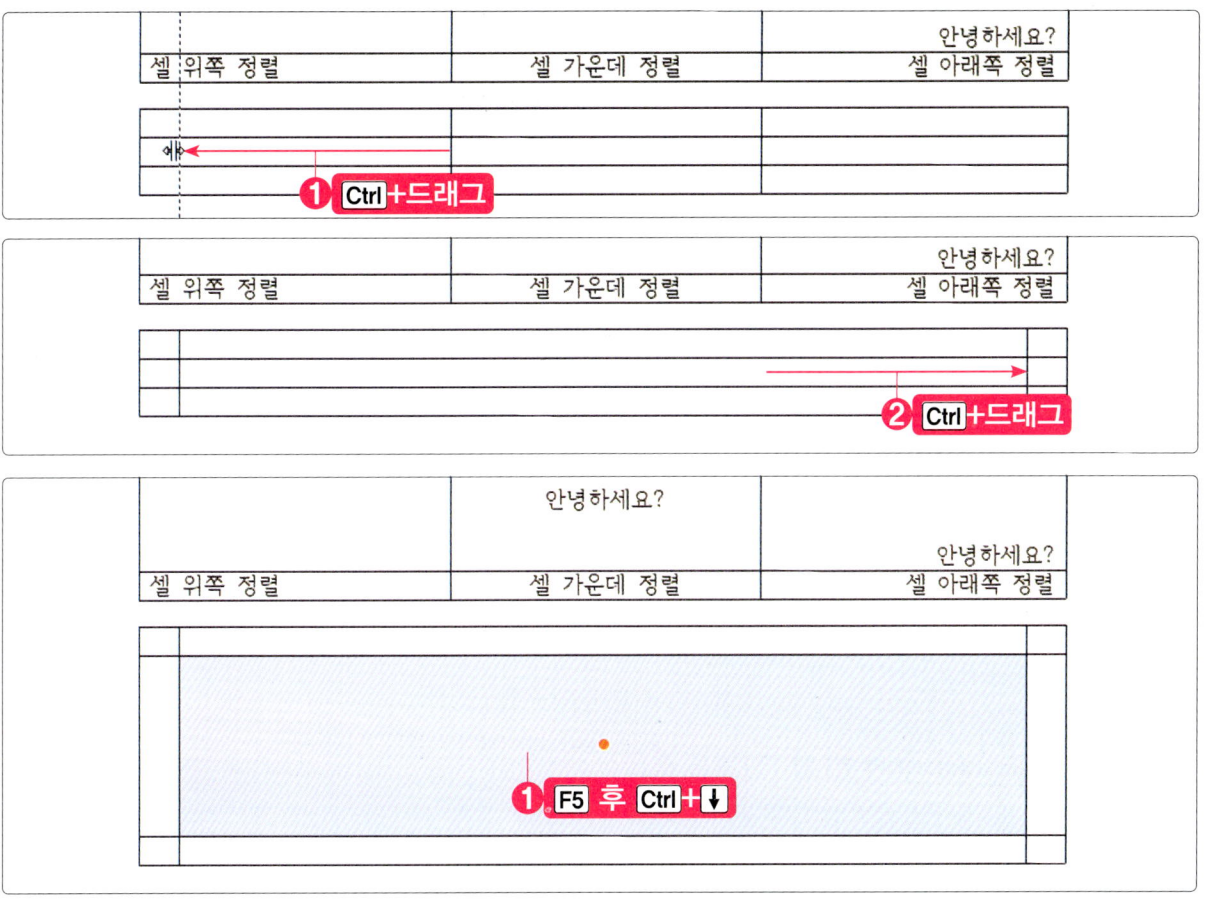

03 표 전체를 셀 블록으로 지정하고 마우스 오른쪽 버튼을 눌러 바로가기 메뉴의 [셀 테두리/배경]-[각 셀마다 적용]을 선택해요.

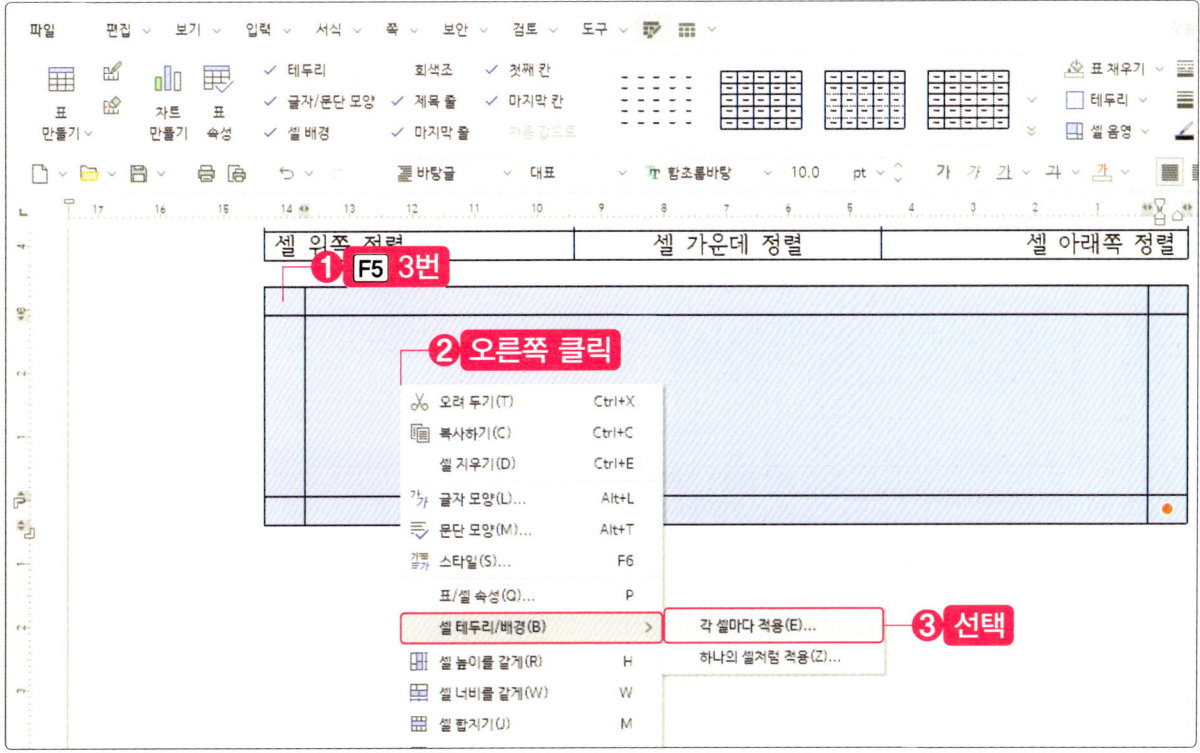

Lesson 14 • 실험 보고서 만들기   97

04 〔셀 테두리/배경〕 대화상자가 나타나면 〔테두리〕 탭에서 테두리를 지정하고 〔안쪽(+)〕을 선택한 후 〔설정〕을 클릭해요.

- 종류 : 없음(⟋)

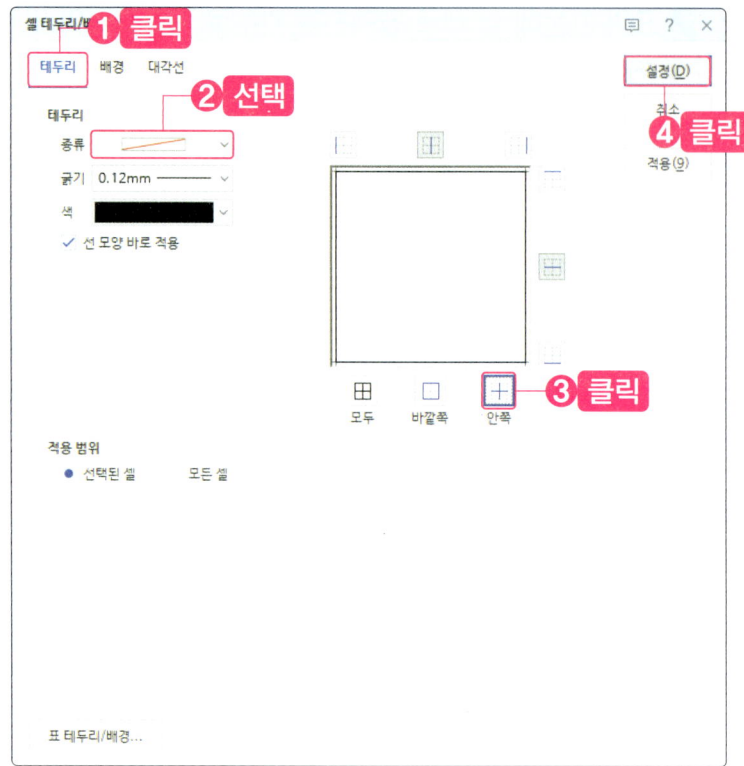

〔셀 테두리/배경〕-〔테두리〕 탭 : 셀 블록 후 L

05 다음과 같이 셀 테두리가 지정돼요.

왼쪽 정렬	가운데 정렬	오른쪽 정렬
안녕하세요?	안녕하세요?	안녕하세요?
셀 위쪽 정렬	셀 가운데 정렬	셀 아래쪽 정렬

투명선이란?

'안내선'이라고도 하며, 지워진 선은 빨간색 선으로 표시되고, 인쇄시 표시되지 않아요. '선 없음'으로 선택한 후 빨간색 선으로 보여지는 선이 지워진 선이에요.

06 2줄 2칸을 셀 블록으로 지정하고 마우스 오른쪽 버튼을 눌러 바로가기 메뉴의〔셀 테두리/배경〕-〔각 셀마다 적용〕을 선택해요.

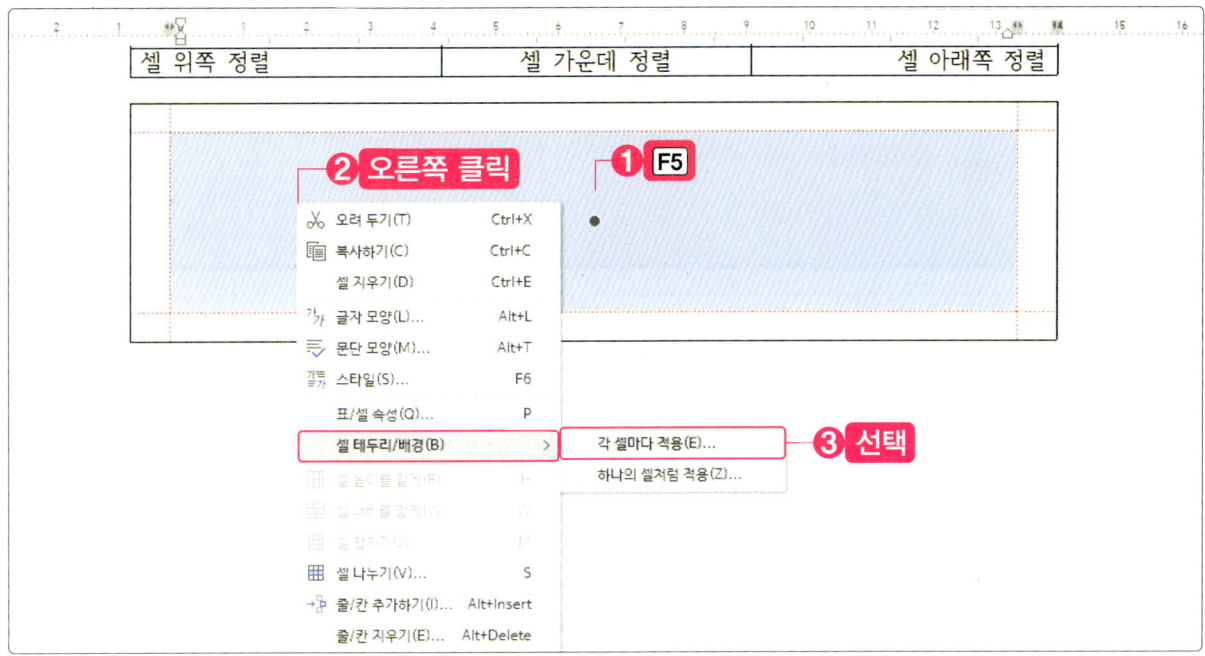

07 〔셀 테두리/배경〕대화상자가 나타나면〔테두리〕탭에서 테두리를 지정하고〔바깥쪽(□)〕을 선택해요.
- 종류 : 얇고 굵은 이중선(══)

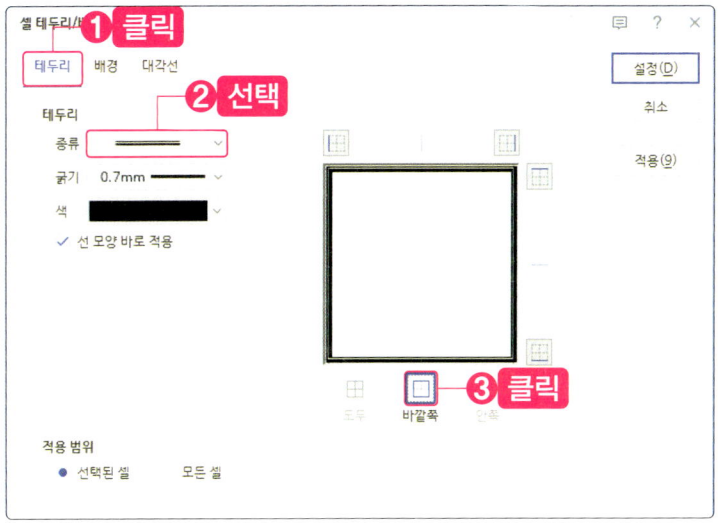

08 〔배경〕탭을 클릭하고 채우기 색을 지정한 후〔설정〕을 클릭해요.
- 면 색 : 노랑(RGB: 255,215,0)

09 1줄 1칸을 셀 블록으로 지정하고 ⓛ을 눌러요

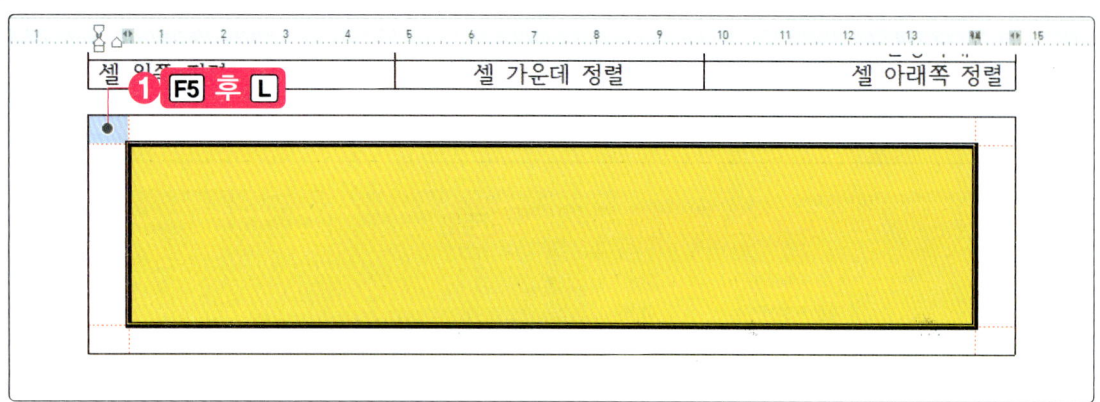

10 〔셀 테두리/배경〕 대화상자가 나타나면 〔대각선〕 탭에서 대각선을 선택하고 〔설정〕을 클릭해요.
- \ 대각선 : (1) \

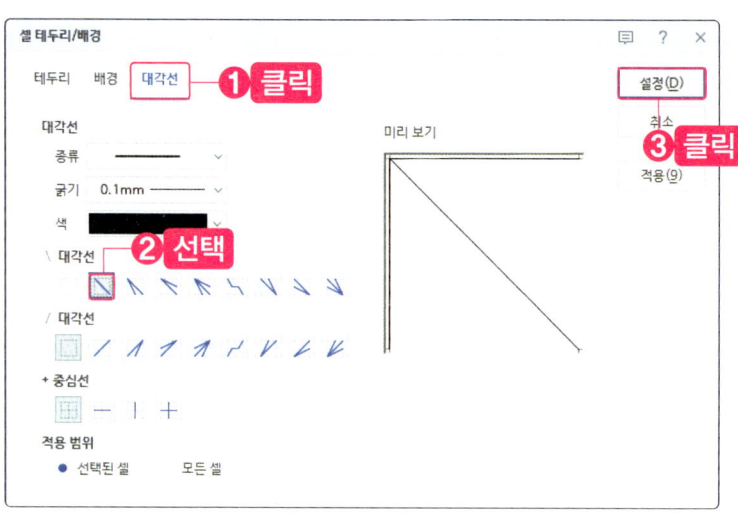

11 같은 방법으로 대각선을 지정하고 제목을 입력한 후 드래그하여 블록으로 지정한 다음 〔서식〕 도구 상자에서 글꼴 및 글자 크기, 글자 색, 속성, 정렬을 선택해요.
- 글꼴 : 양재튼튼B, 글자 크기 : 20pt, 글자 색 : 남색(RGB: 58,60,132), 속성 : 진하게(가)
- 정렬 : 가운데 정렬(틀)

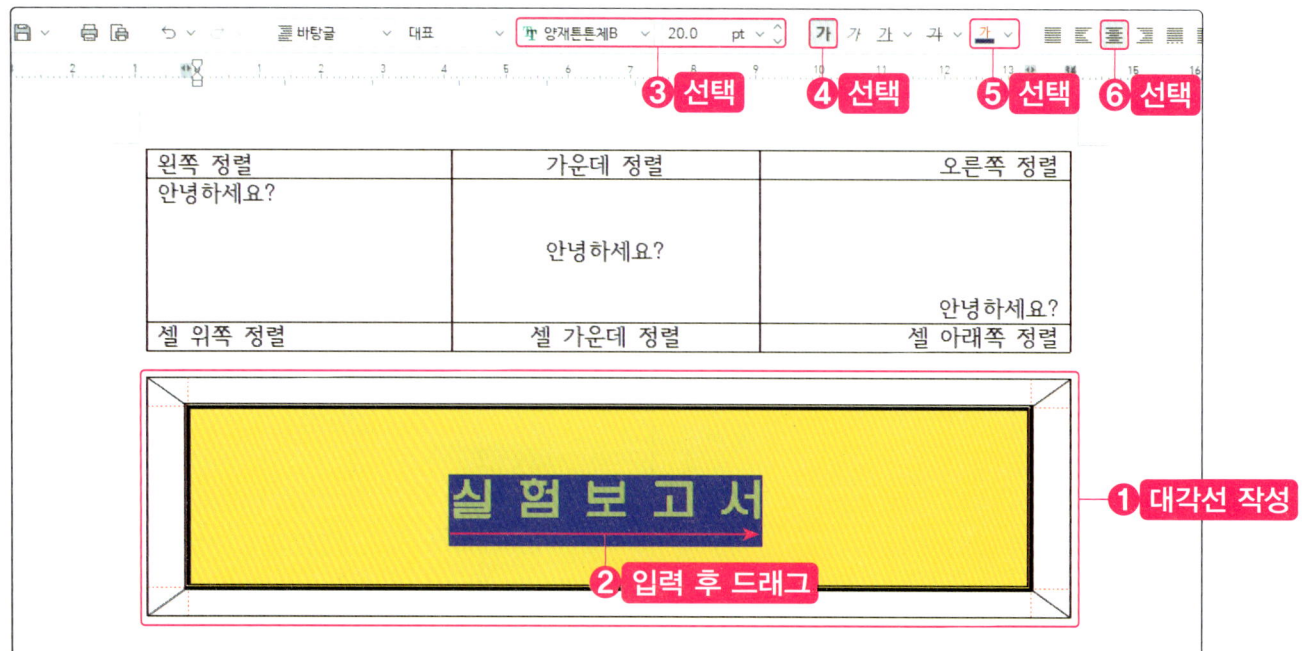

1 〔14차시〕 폴더에서 '감염병예방수칙.hwpx' 파일을 열고 표의 선모양을 다음과 같이 수정해 보세요.

• 예제 파일 : 14차시\감염병 예방수칙.hwpx   완성 파일 : 14차시\감염병 예방수칙_완성.hwpx

감염병 예방수칙

✓ 첫째, 기침이나 재채기를 할 때는 손이 아닌 휴지나 옷소매로 입과 코를 가리는 기침예절을 지키고, 비누를 사용하여 30초 이상 손을 자주 씻어 주세요.

✓ 둘째, 감염병 의심증상이 발생한 경우 다른 사람과 접촉하지 않고 곧바로 가까운 의료기관에 방문하여 진료를 받으세요.

✓ 셋째, 집단유행을 막기 위해 감염 환자는 전염기간* 동안에는 등원·등교(학원 등 사람이 많은 장소 포함)를 하지 않도록 하세요.

• 등원·등교중지 기간: (수두) 모든 수포에 딱지가 앉을 때까지 격리

• 선 모양 : 선 없음, 얇고 굵고 얇은 삼중선

Lesson 15

배울 수 있어요!

◆ 표 안에 표를 삽입해요.
◆ 표 자동 채우기 메뉴를 이용하여 달력의 날짜를 채워요.
◆ 그리기마당에서 그림을 찾아 달력을 완성해요.

연간 달력 만들기

1년 달력을 한꺼번에 볼 수 있는 달력이 연간 달력이에요. 달력은 날짜들로 가득하죠? 숫자 하나만 잘못 넣으면 모든 날짜가 엉망이 되는데 어쩌죠? 걱정 마세요. 이 숫자들은 자동 채우기라는 기능으로 쉽게 채울 수가 있어요. 자동 채우기 기능에 대해 학습하도록 해요.

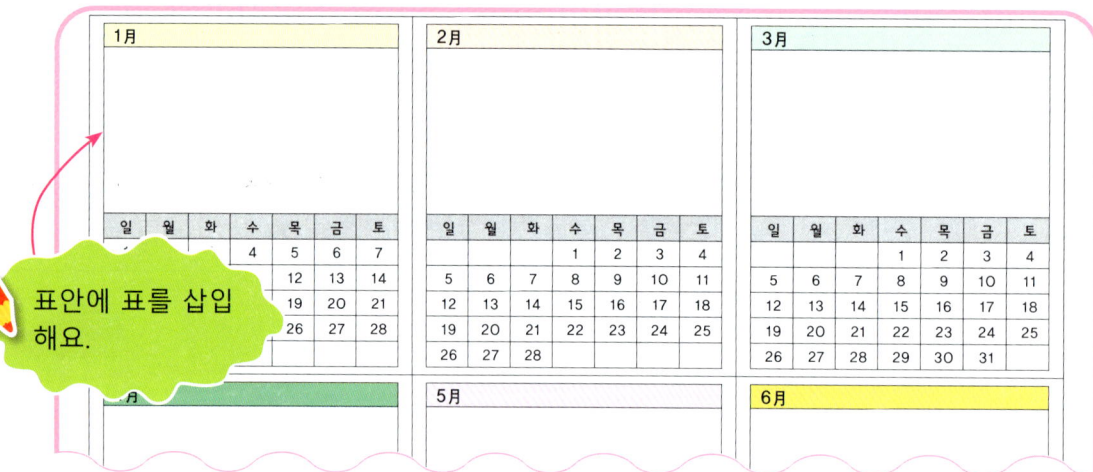

표안에 표를 삽입해요.

[자동 채우기] 기능을 이용하여 '요일'과 '날짜'를 입력해요.

1 1월 달력 완성하기

01 〔15차시〕 폴더에서 '달력.hwpx' 파일을 열고 1줄 1칸에서 F5 키를 2번 누른 후 →를 눌러 첫 줄 전체를 블록으로 지정한 다음 〔표 레이아웃( )〕 탭-〔셀 합치기( )〕를 클릭해요.

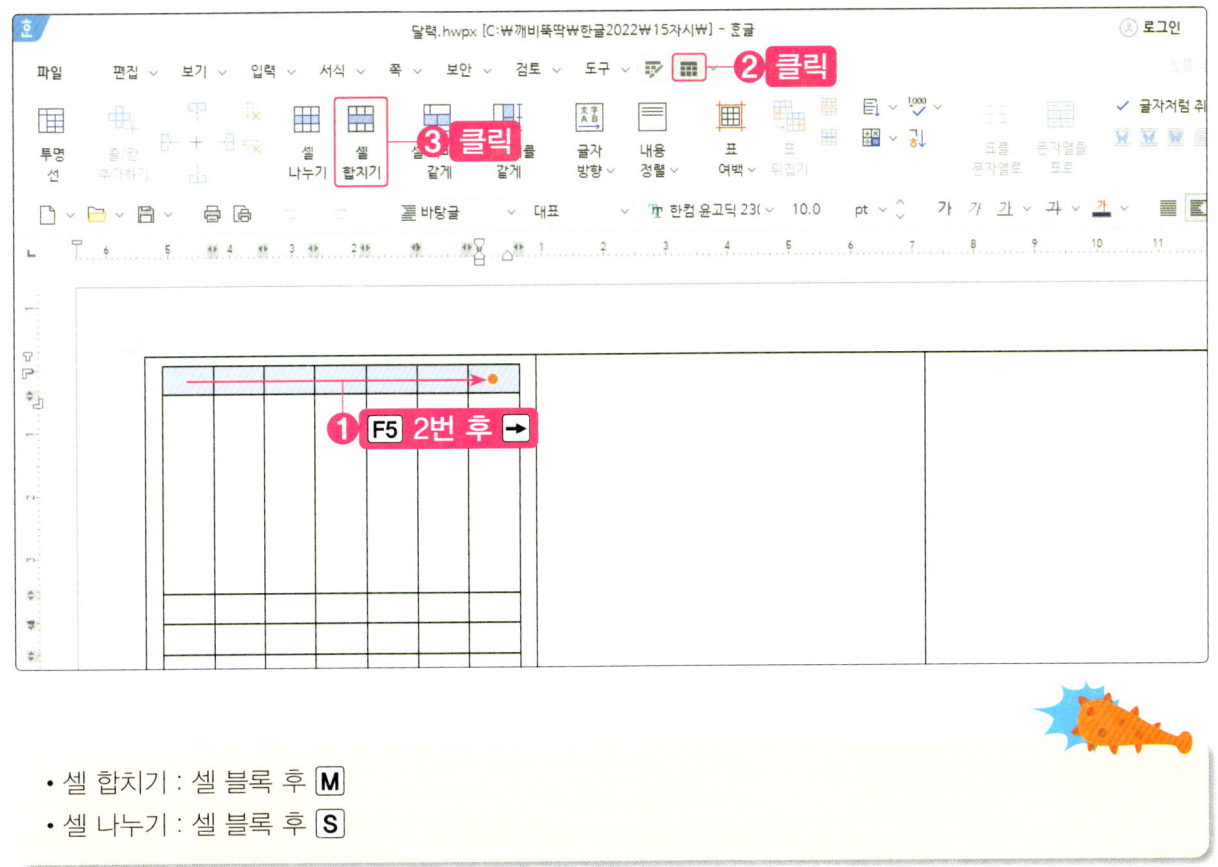

- 셀 합치기 : 셀 블록 후 M
- 셀 나누기 : 셀 블록 후 S

02 '1월'을 입력하고 한자 를 눌러 〔한자로 바꾸기〕 대화상자가 나타나면 한자 목록(月)을 선택한 후 입력 형식(漢字)을 선택한 다음 〔바꾸기〕를 클릭해요.

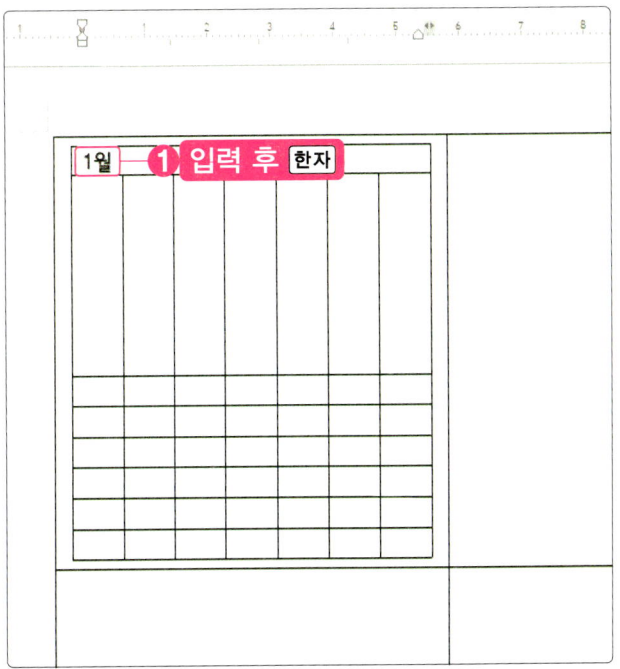
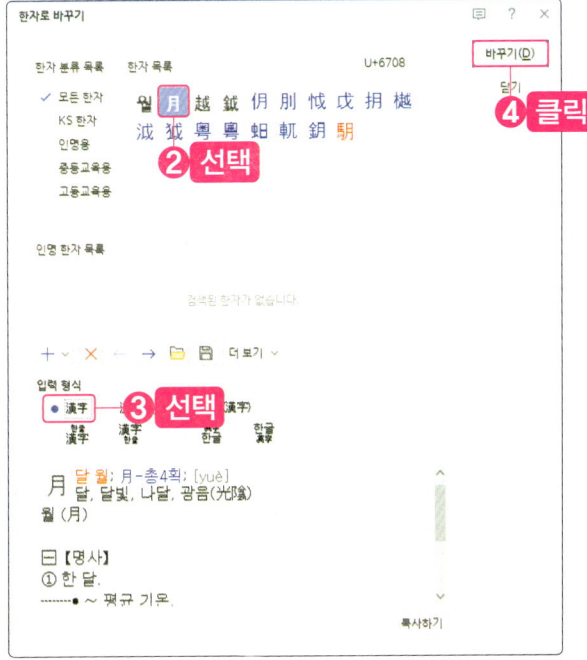

03 '1月' 셀을 선택하고 F5 를 한번 눌러 셀 블록으로 지정한 후 C 를 눌러 〔셀 테두리/배경〕 대화상자의 〔배경〕 탭에서 〔면 색〕을 선택한 다음 〔설정〕을 클릭해요.

- 면 색 : 자유롭게 선택해요.

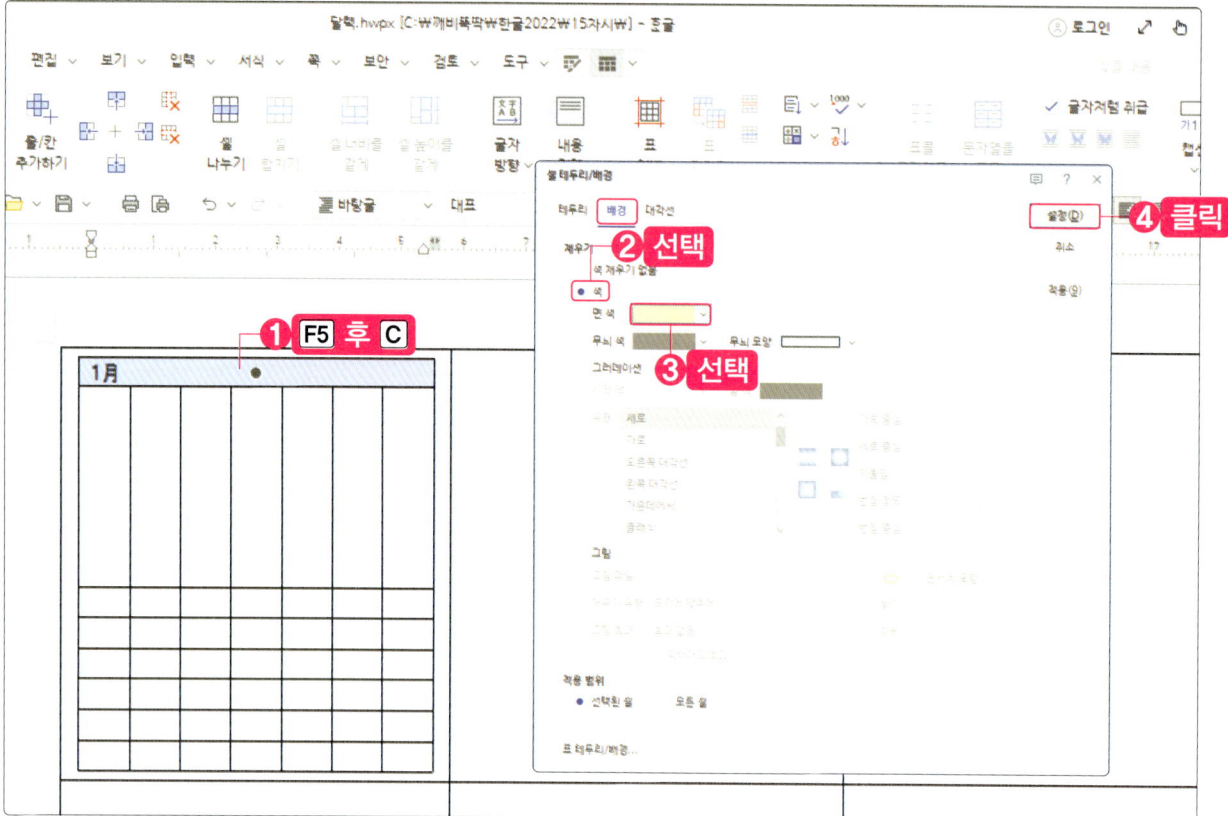

04 2줄 1칸 ~ 2줄 7칸을 셀 블록으로 지정하고 〔표 레이아웃( )〕 탭-〔셀 합치기( )〕를 클릭해요.

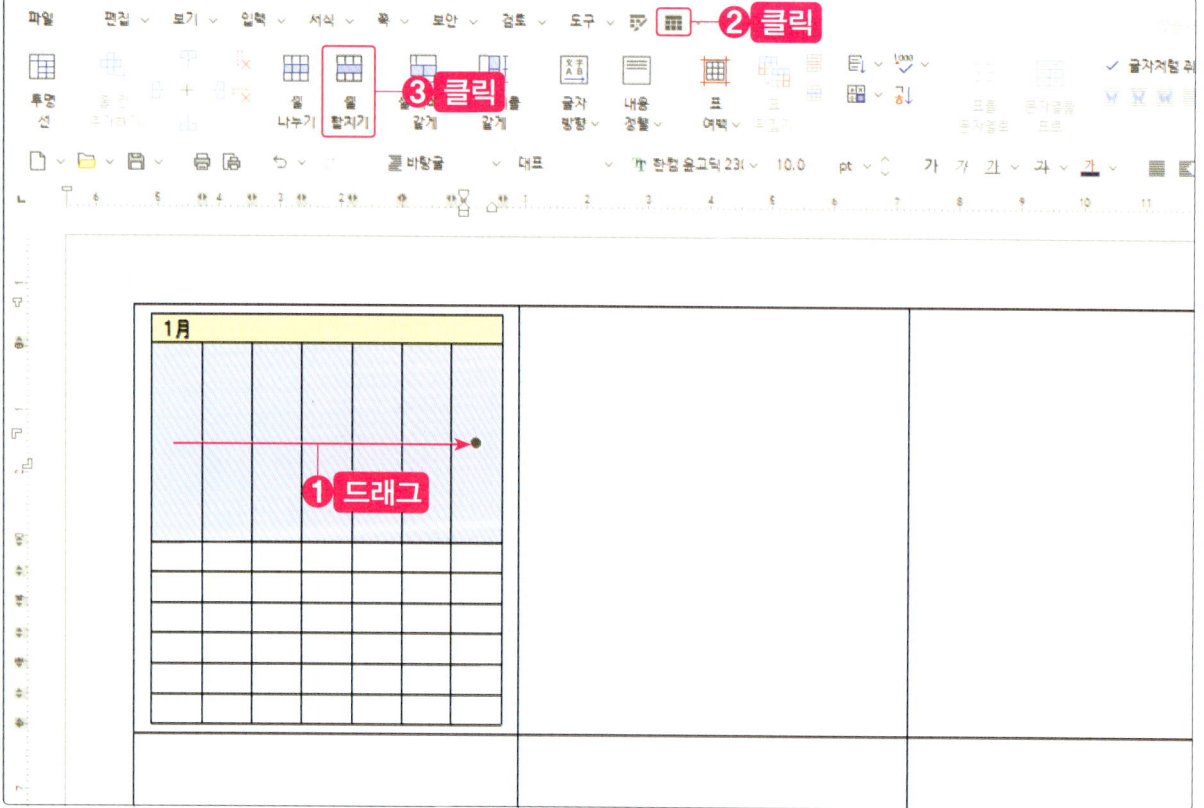

05 3줄 1칸에 '일'을 3줄 2칸에 '월'을 입력하고 셀 블록으로 지정한 후 〔표 레이아웃( )〕 탭-〔채우기( )〕-〔표 자동 채우기〕를 선택해요.

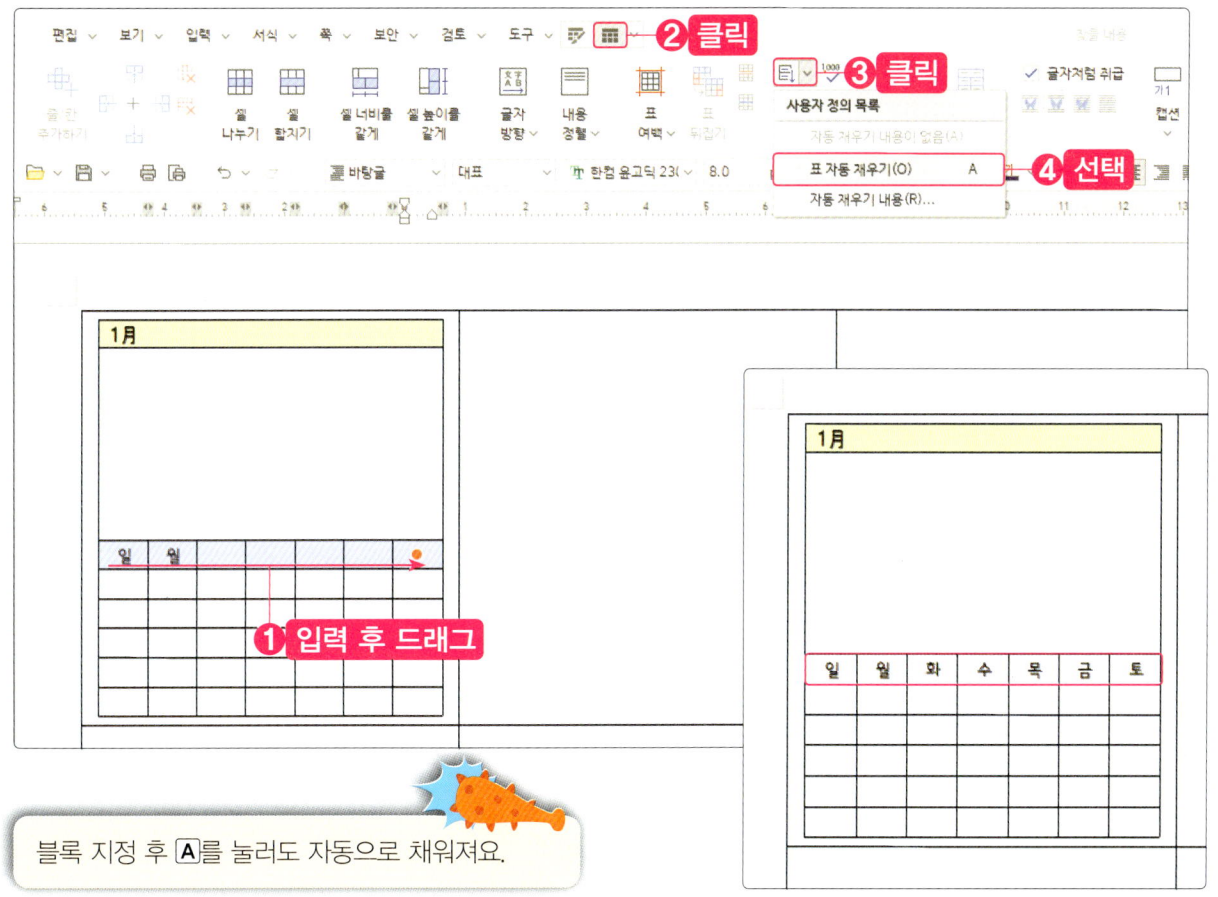

블록 지정 후 A를 눌러도 자동으로 채워져요.

06 '요일' 줄 전체를 셀 블록으로 지정하고 C를 눌러 〔셀 테두리/배경〕 대화상자의 〔배경〕 탭에서 〔면 색〕을 선택한 후 〔설정〕을 클릭해요.

- 면 색 : 하양(RGB: 255,255,255) 15% 어둡게

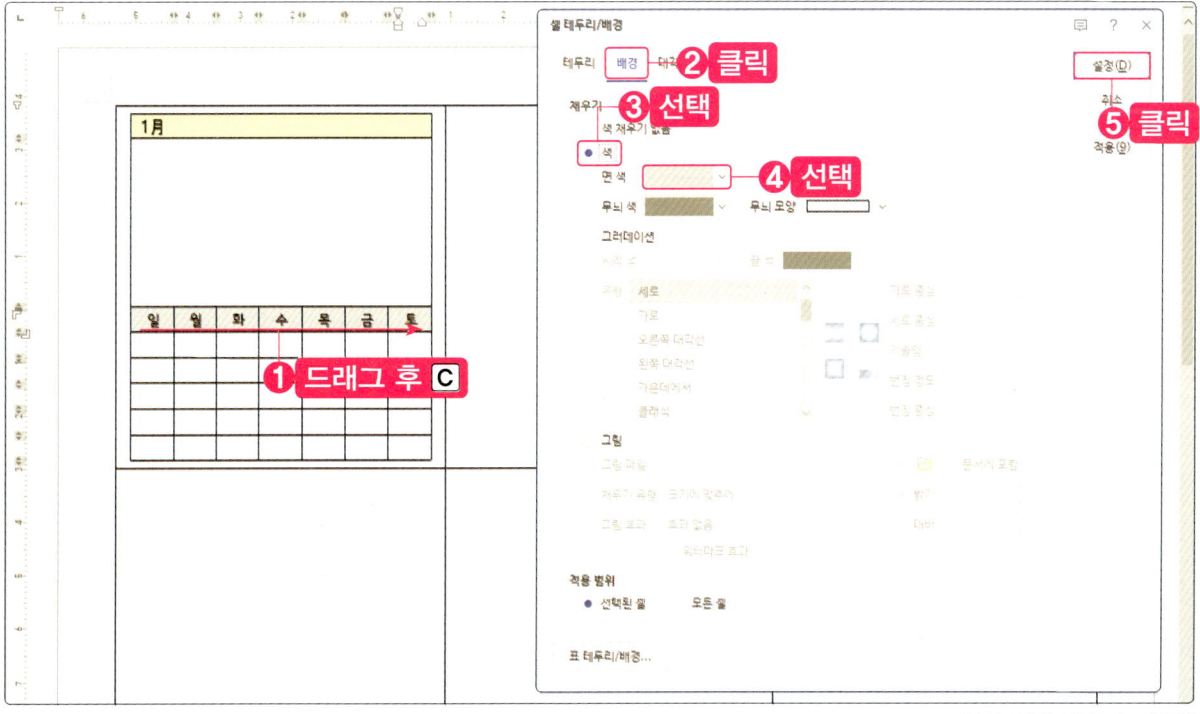

Lesson 15 • 연간 달력 만들기   105

2 12개월 달력으로 복사하기

01 '1월 달력' 개체를 선택하고 복사(Ctrl+C)한 후 붙여넣을 위치를 선택한 다음 붙여넣기(Ctrl+V) 해요.

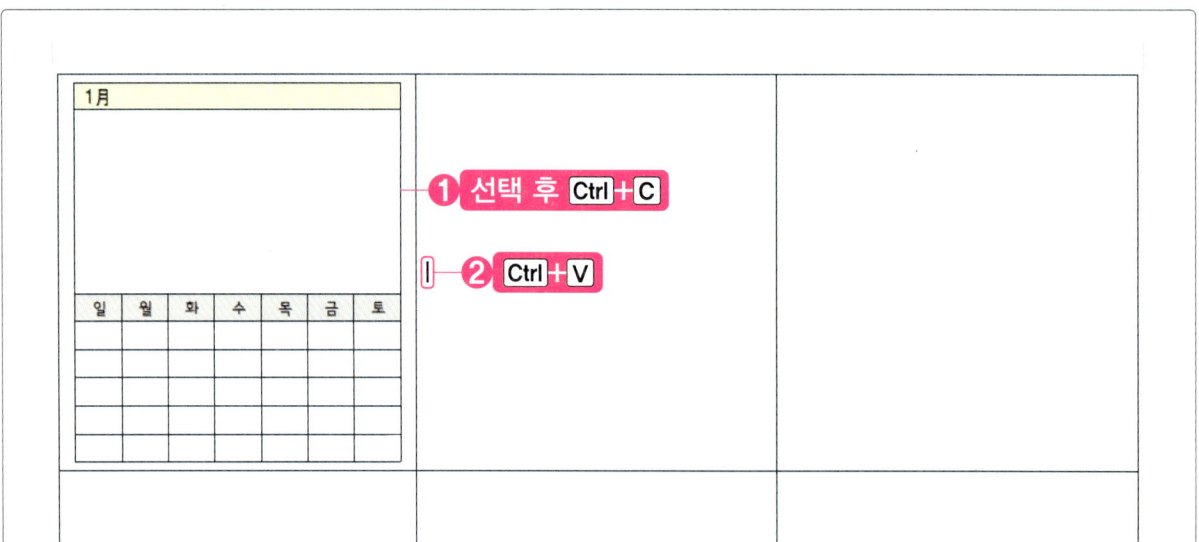

02 〔셀 붙이기〕 대화상자가 나타나면 〔셀 안에 표로 넣기(▣)〕를 선택하고 〔붙이기〕를 클릭해요.

03 표가 복사되면 월을 수정해요.

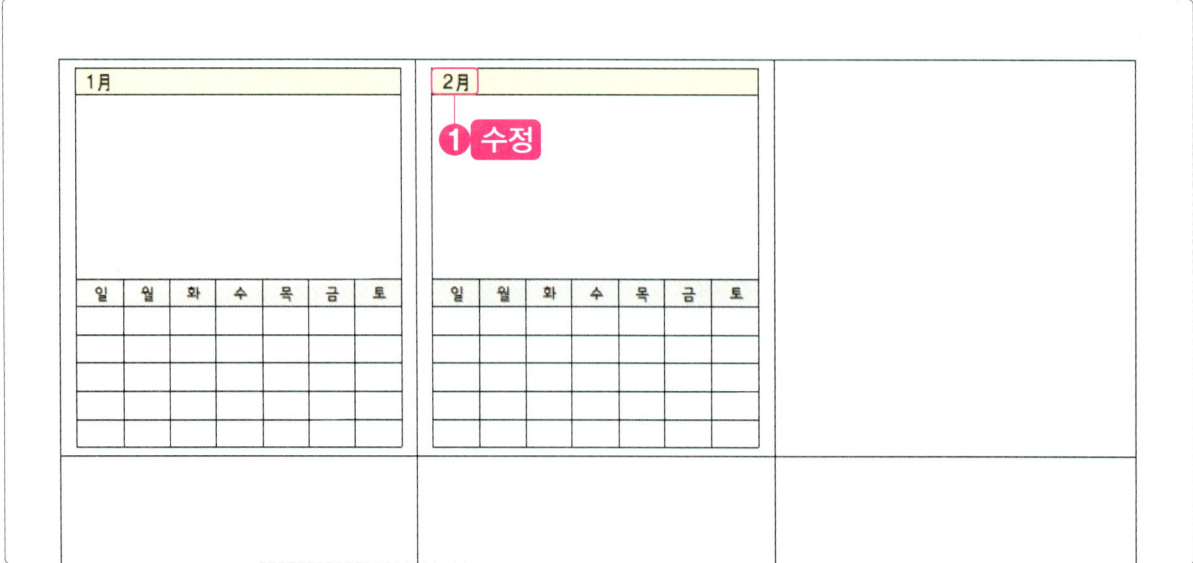

04 같은 방법으로 표를 복사하고 붙여넣은 후 월을 수정해요. 그런다음 월의 면 색을 변경해요.

• 면 색 : 자유롭게 꾸며 보세요.

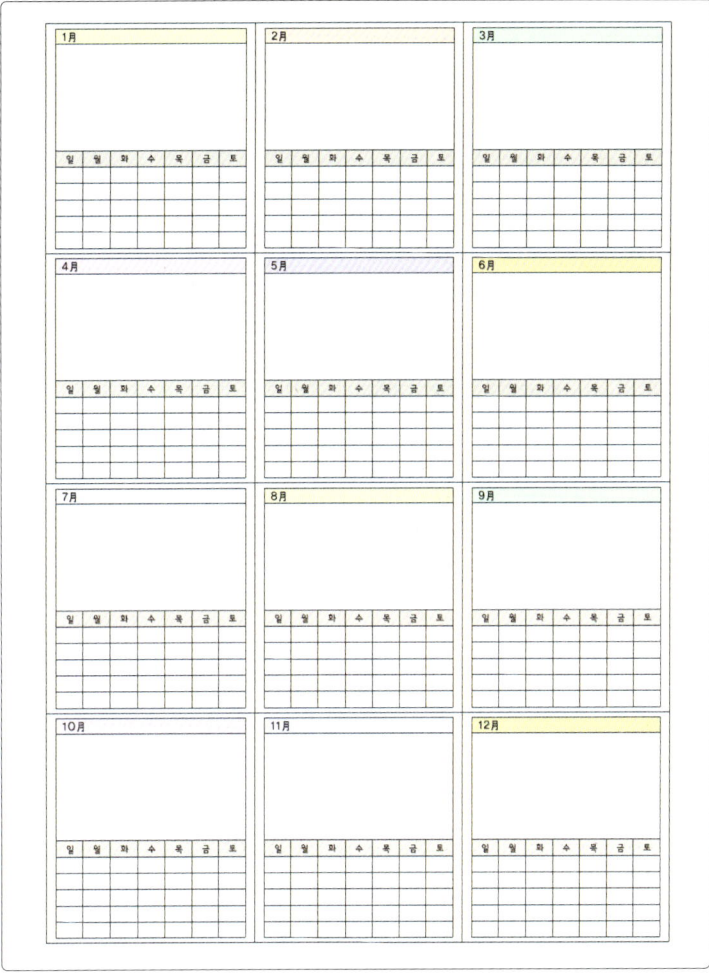

3 날짜 채우기

01 1월 1일의 요일을 확인하고 첫 주의 날짜(1~4)를 입력해요. 자동 채우기를 위해 둘째주의 일요일(5)과 월요일(6)만 날짜를 입력해요.

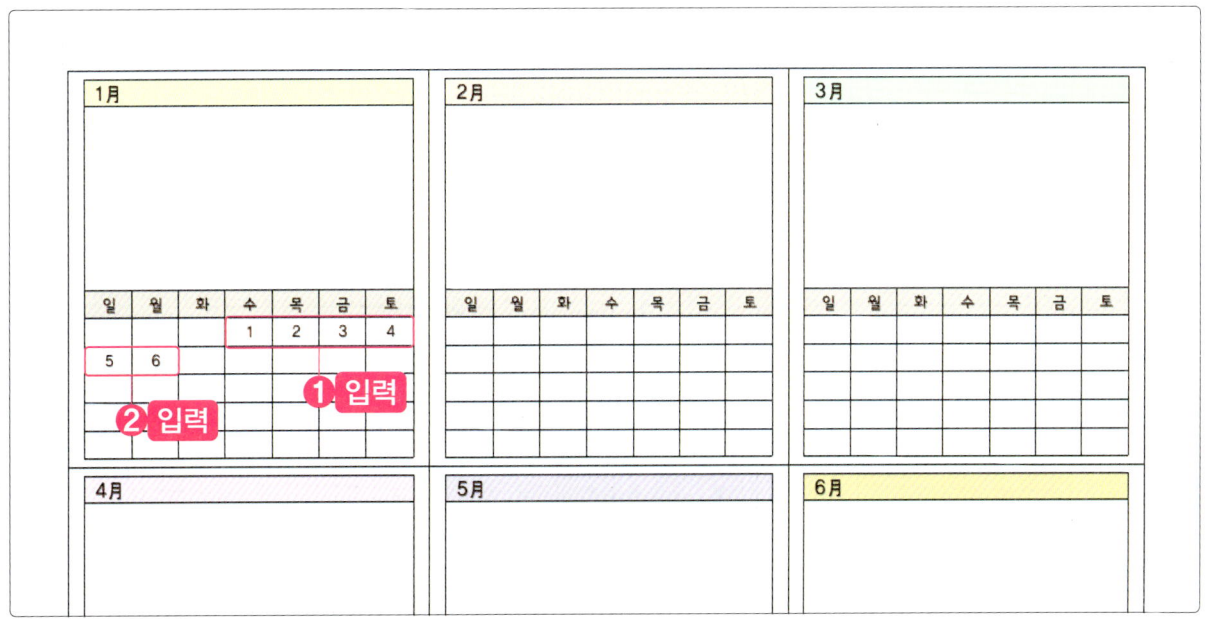

Lesson 15 • 연간 달력 만들기

02 날짜 채울 곳을 블록으로 지정하고 키보드의 A를 눌러 표 자동 채우기를 실행해요.

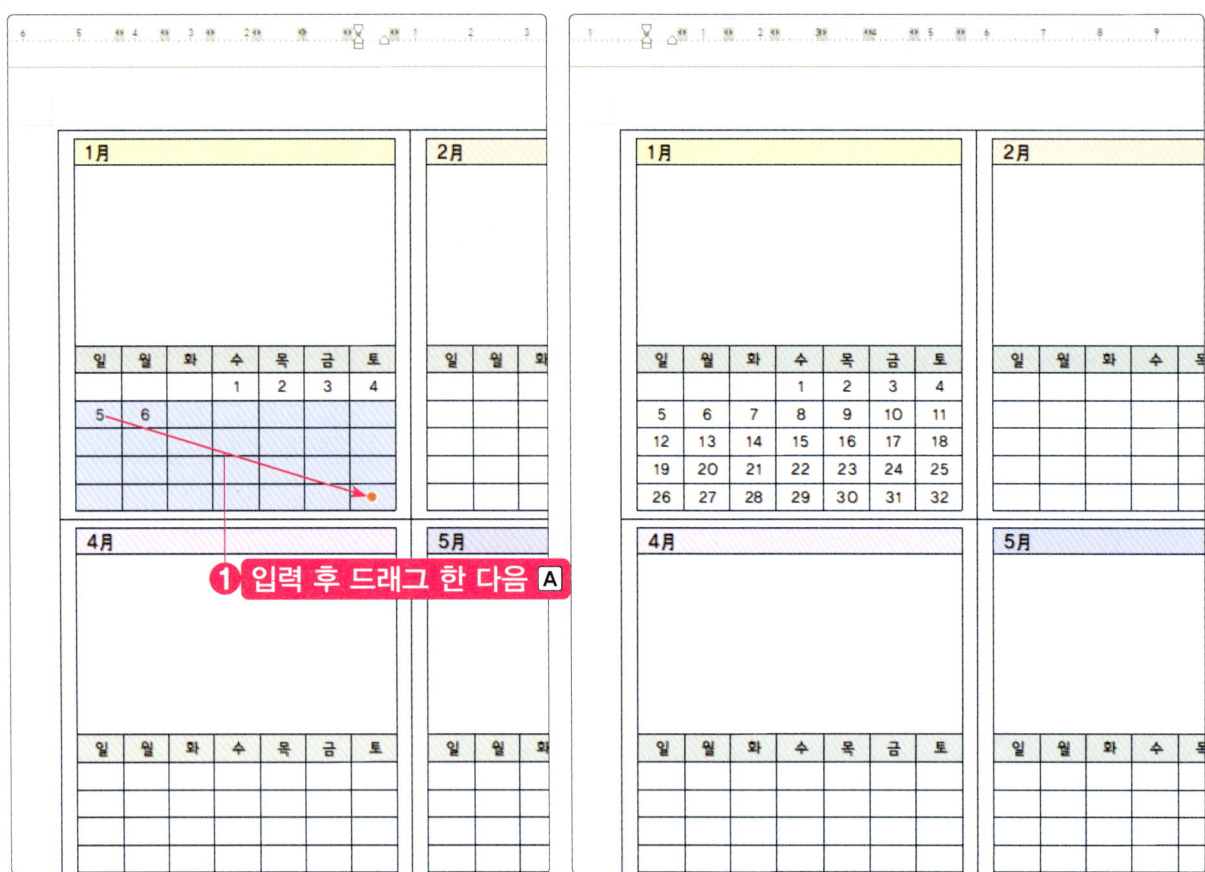

03 1월의 마지막 날짜는 화요일 '31'일 이므로 31 이후의 모든 숫자는 삭제해 주세요.
하나의 셀은 F5를 누른 후 Delete를 누르고, 여러 개의 셀은 드래그 후 Delete를 눌러 삭제해요.

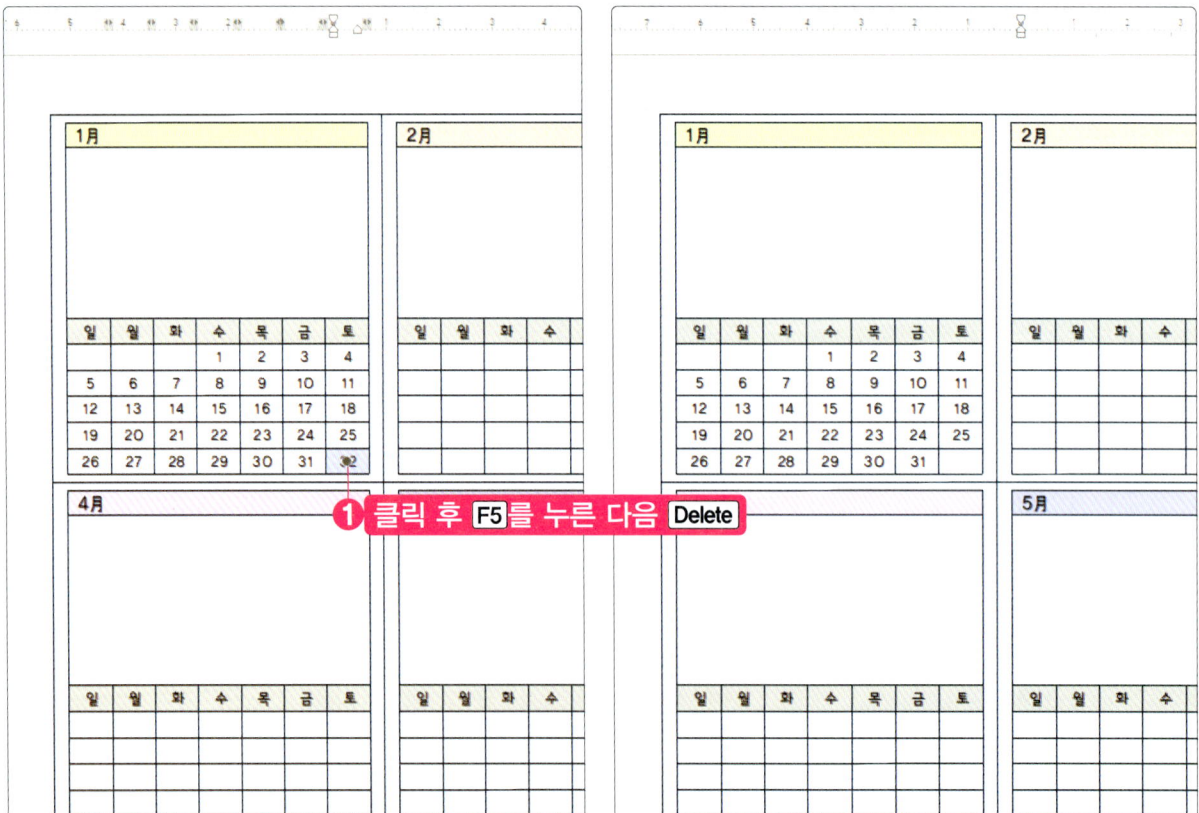

04 같은 방법으로 12월까지 달력을 완성해 보세요.

1月						
일	월	화	수	목	금	토
			1	2	3	4
5	6	7	8	9	10	11
12	13	14	15	16	17	18
19	20	21	22	23	24	25
26	27	28	29	30	31	

2月						
일	월	화	수	목	금	토
						1
2	3	4	5	6	7	8
9	10	11	12	13	14	15
16	17	18	19	20	21	22
23	24	25	26	27	28	

3月						
일	월	화	수	목	금	토
						1
2	3	4	5	6	7	8
9	10	11	12	13	14	15
16	17	18	19	20	21	22
23	24	25	26	27	28	29

4月						
일	월	화	수	목	금	토
30	31	1	2	3	4	5
6	7	8	9	10	11	12
13	14	15	16	17	18	19
20	21	22	23	24	25	26
27	28	29	30			

5月						
일	월	화	수	목	금	토
				1	2	3
4	5	6	7	8	9	10
11	12	13	14	15	16	17
18	19	20	21	22	23	24
25	26	27	28	29	30	31

6月						
일	월	화	수	목	금	토
1	2	3	4	5	6	7
8	9	10	11	12	13	14
15	16	17	18	19	20	21
22	23	24	25	26	27	28
29	30					

7月						
일	월	화	수	목	금	토
		1	2	3	4	5
6	7	8	9	10	11	12
13	14	15	16	17	18	19
20	21	22	23	24	25	26
27	28	29	30	31		

8月						
일	월	화	수	목	금	토
					1	2
3	4	5	6	7	8	9
10	11	12	13	14	15	16
17	18	19	20	21	22	23
24	25	26	27	28	29	30

9月						
일	월	화	수	목	금	토
31	1	2	3	4	5	6
7	8	9	10	11	12	13
14	15	16	17	18	19	20
21	22	23	24	25	26	27
28	29	30				

10月						
일	월	화	수	목	금	토
			1	2	3	4
5	6	7	8	9	10	11
12	13	14	15	16	17	18
19	20	21	22	23	24	25
26	27	28	29	30	31	

11月						
일	월	화	수	목	금	토
						1
2	3	4	5	6	7	8
9	10	11	12	13	14	15
16	17	18	19	20	21	22
23	24	25	26	27	28	29

12月						
일	월	화	수	목	금	토
30	1	2	3	4	5	6
7	8	9	10	11	12	13
14	15	16	17	18	19	20
21	22	23	24	25	26	27
28	29	30	31			

Lesson 15 • 연간 달력 만들기

① 〔15차시〕 폴더에서 '달력만들기.hwpx' 파일을 열고 〔그리기마당〕을 이용하여 달력을 완성해 보세요.

- 예제 파일 : 15차시\달력만들기.hwpx
- 완성 파일 : 15차시\달력만들기_완성.hwpx

- 그리기마당 : 자유롭게 그림을 삽입해 보세요.
- 개체 속성 : 글자처럼 취급
- 참고 그리기마당 : 세배, 초콜릿, 학교2, 나무심기, 운동회, 접시꽃, 여름날, 수박서리, 벼, 낙엽, 눈싸움, 루돌프와썰매

Lesson 16

◆ 표의 줄을 삽입하고 줄을 삭제 해 보아요.
◆ 셀의 색 채우기를 이용하여 그림을 그려 보아요.

표로 딸기 만들기

표로 셀 채우기를 이용하여 예쁘게 픽셀 디자인을 디자인 해 보아요. 떨어져 있는 칸을 선택할 때와 표의 모양을 복사를 이용하면 편리하게 표 안에 색을 채울 수가 있어요. 더욱 간단하게 색을 채우려면 단축키를 암기하면 더욱 편리해요. 색 채우기를 이용하여 픽셀 디자인을 하는 방법에 대해 학습하도록 해요.

🌸 **예제 파일** : 16차시\딸기.hwpx   🌸 **완성 파일** : 16차시\딸기_완성.hwpx

💬 표에서 색 채우기로 그림을 도면판에 완성해요.

💬 떨어져 있는 칸은 Ctrl 를 사용해요.

💬 [모양 복사]를 이용하면 편리하게 같은 색을 채울 수 있어요.

1 도면 판의 줄을 삽입하기

01 〔16차시〕 폴더의 '딸기.hwpx' 파일을 열고 줄을 삽입하기 위해 커서를 표 안에 위치한 후 Ctrl + Enter 를 여러번 눌러 줄을 삽입해요.

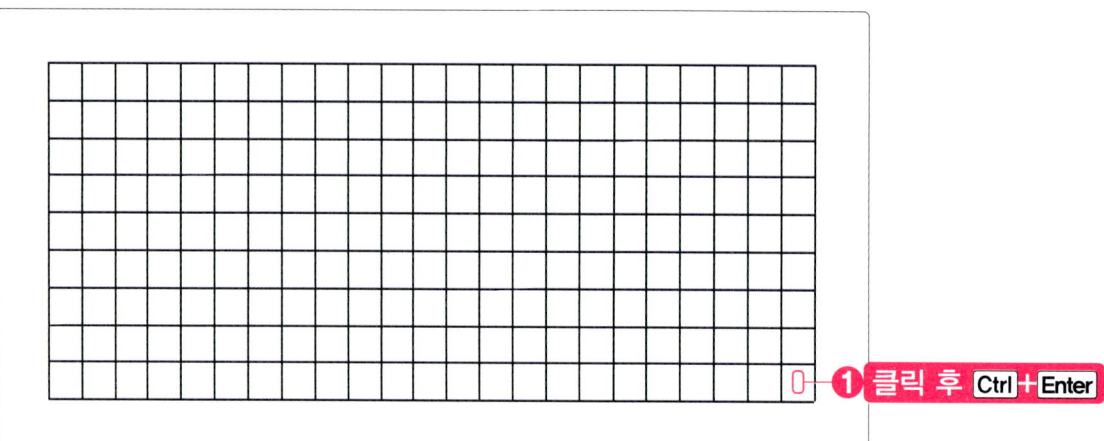

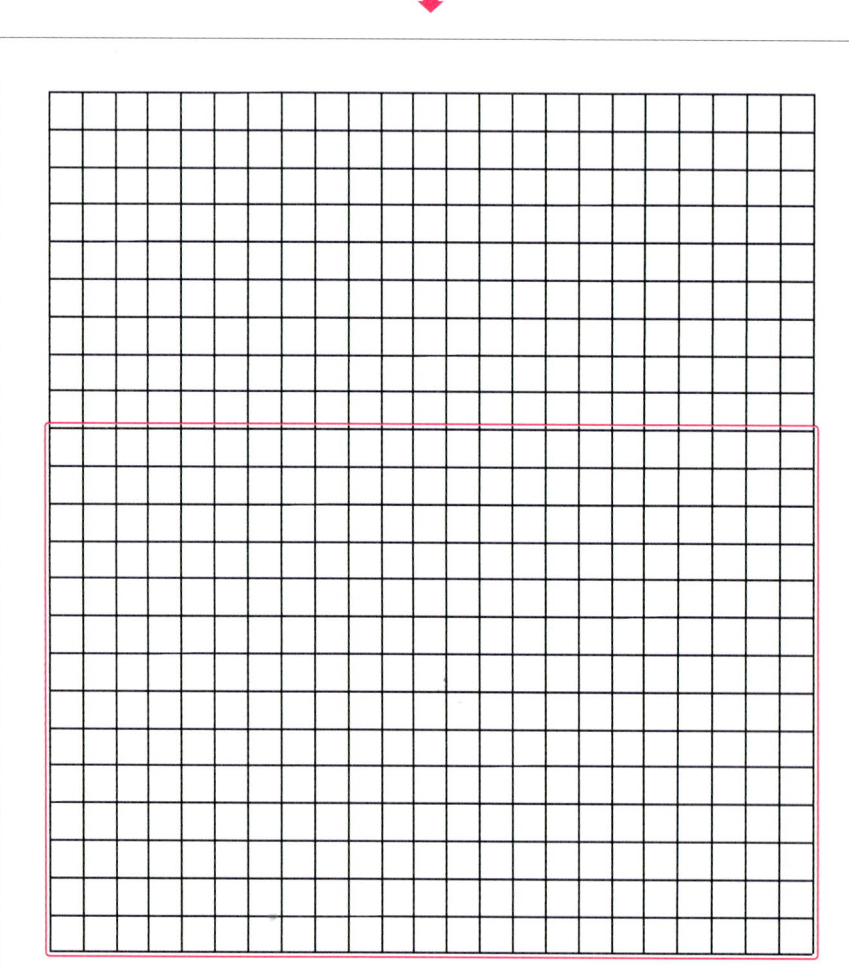

- 줄 삽입 : Ctrl + Enter
- 줄 삭제 : Ctrl + BackSpace
- 커서가 위치한 셀 아래에 삽입/삭제 돼요.

2 도면 판에 그림 그리기

01 우선 딸기를 만들기 위해 5줄 10칸 셀에 커서를 위치하고 F5를 눌러 셀 블록으로 지정한 후 C를 눌러요. 그런다음 [셀 테두리/배경] 대화상자의 [배경] 탭에서 색을 선택하고 면 색을 선택한 후 [설정]을 클릭해요.

• 면 색 : 초록(RGB: 40,155,110)

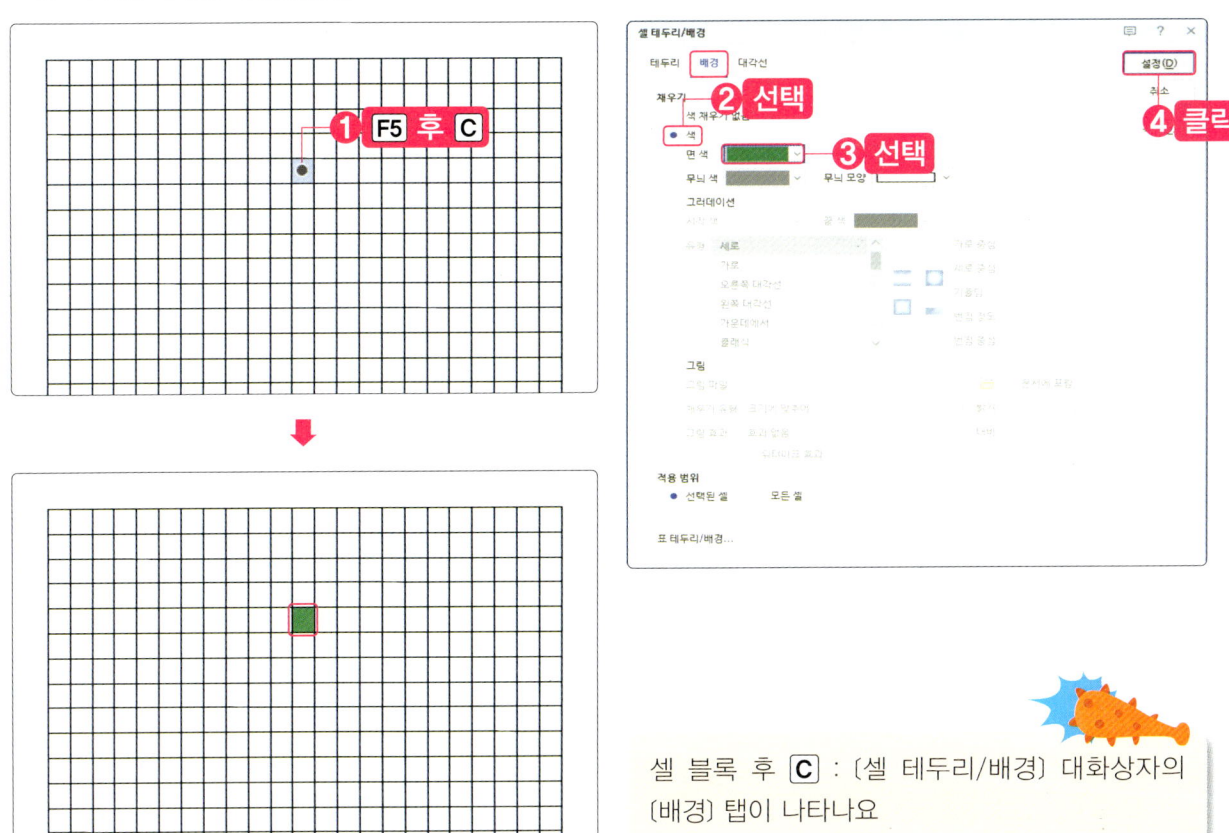

셀 블록 후 C : [셀 테두리/배경] 대화상자의 [배경] 탭이 나타나요

02 6줄 10칸에서 F5를 한번 눌러 셀 블록으로 지정하고 Ctrl을 누른 상태에서 추가로 칸을 선택하면 여러 칸을 한꺼번에 선택할 수 있어요. 그런다음 C를 눌러 [셀 테두리/배경] 대화상자의 [배경] 탭에서 면 색을 선택한 다음 [설정]을 클릭해요.

• 면 색 : 초록(RGB: 40,155,110)

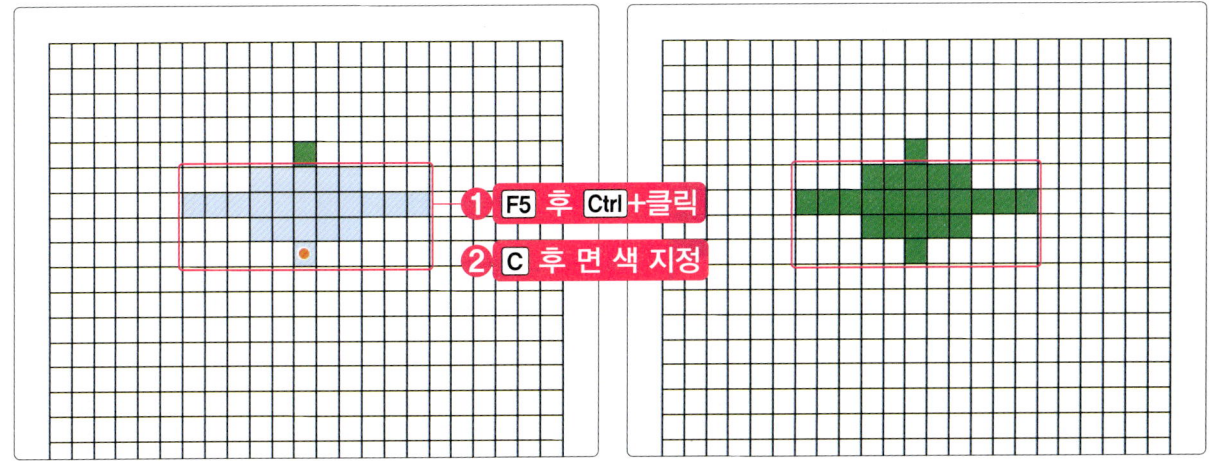

Lesson 16 • 표로 딸기 만들기 113

03 같은 방법으로 다음과 같이 셀을 선택하고 면 색을 지정해요.

- 면 색 : 빨강(RGB: 255,0,0)

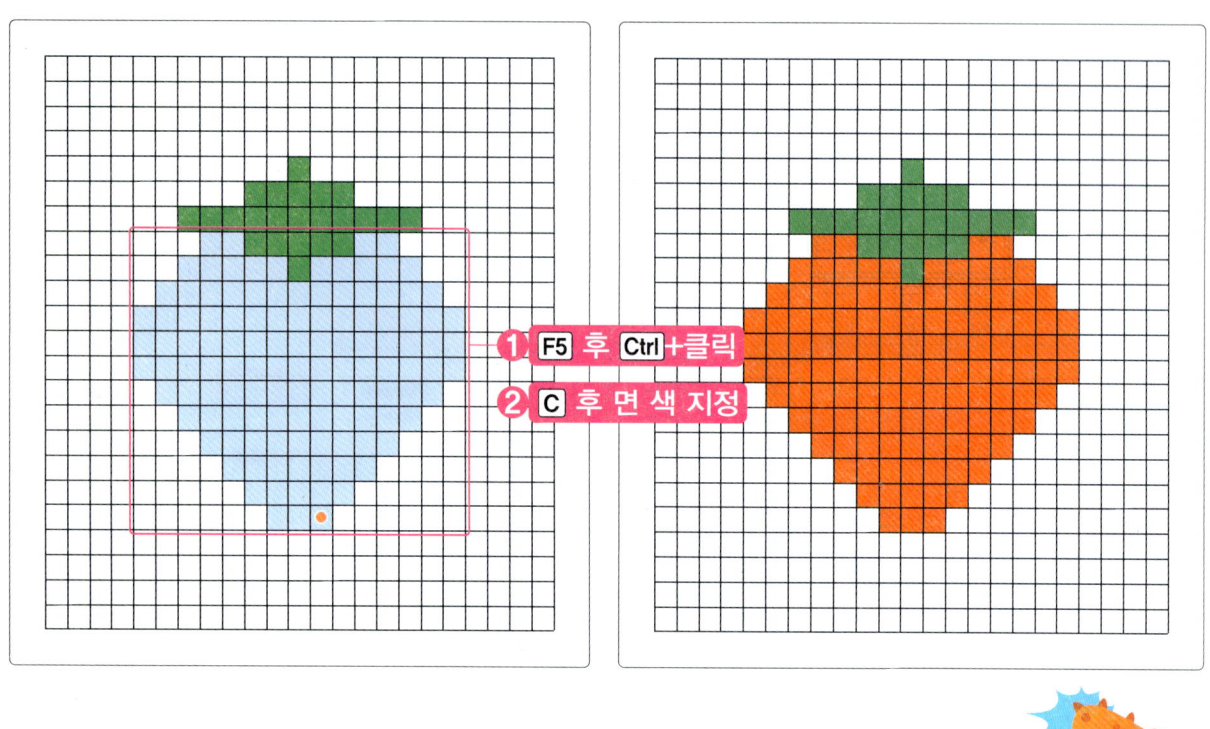

색상 테마를 [오피스] 테마로 변경해요.

04 같은 방법으로 다음과 같이 셀을 선택하고 면 색을 지정해요.

- 면 색 : 빨강(RGB: 255,0,0) 25% 어둡게

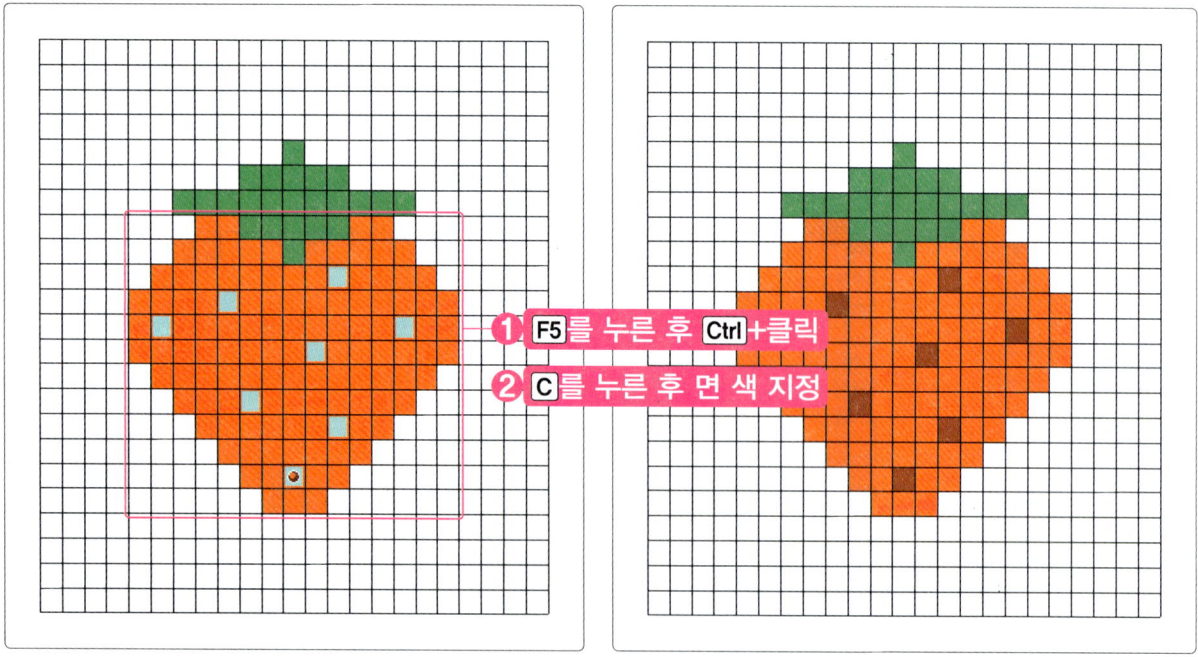

1 〔16차시〕 폴더에서 '표로그림그리기.hwpx' 파일을 열고 완성 파일을 참고하여 그림을 완성해 보세요.

• 예제 파일 : 16차시\표로그림그리기.hwpx   완성 파일 : 16차시\표로그림그리기_완성.hwpx

• 떨어져 있는 셀은 Ctrl 를 누른 상태로 선택하면 한꺼번에 여러 셀을 선택할 수 있어요.
• 블록 지정은 F5, 표에 색 채우기는 블록 지정 후 C
• 자유롭게 그림을 그려 보세요.

Lesson 16 • 표로 딸기 만들기   115

Lesson 17

배울 수 있어요!
- 표 안에 그림으로 채우기를 학습해요.
- 표 안에 표를 삽입하기를 학습해요.
- 셀을 나눠서 사용할 수 있어요.

알림장 속지 만들기

공책 속에 들어가는 알림장 속지를 만들어 보아요. 내가 예쁘게 디자인한 알림장에 매일매일 꼭 필요한 준비물과 숙제를 예쁘게 적을 생각을 하면 너무나 신이 나네요. 알림장에 꼭 적어야 할 것과 꼭 있어야 할 것들에 대해 잘 생각해보고, 예쁘게 만들어 봐요. 알림장 속지를 작성하는 방법에 대해 학습하도록 해요.

🔅 **예제 파일** : 17차시\알림장.hwpx   🔅 **완성 파일** : 17차시\알림장_완성.hwpx

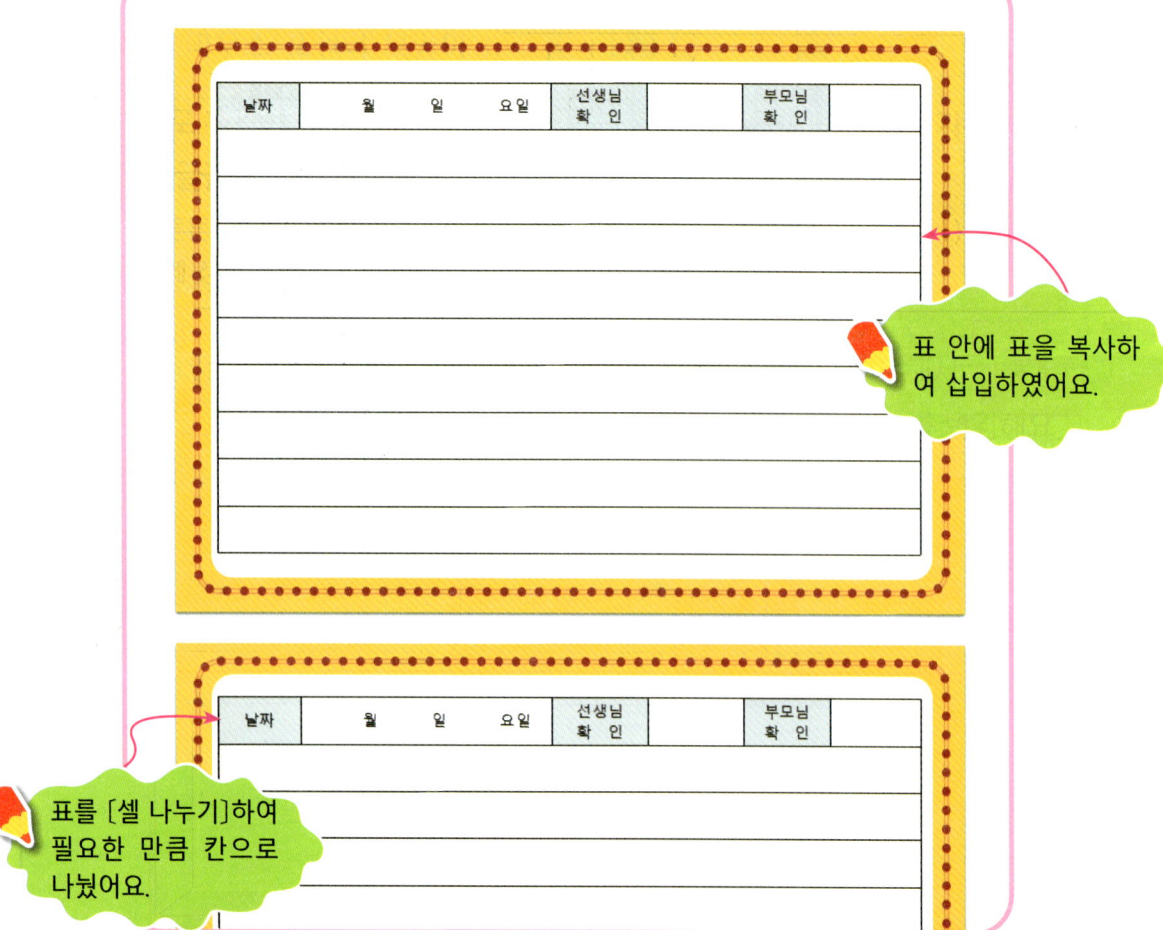

표 안에 표를 복사하여 삽입하였어요.

표를 [셀 나누기]하여 필요한 만큼 칸으로 나눴어요.

1 페이지 설정하고 보기형태 변경하기

01 〔16차시〕 폴더의 '딸기.hwpx' 파일을 열고 〔입력〕 탭-〔표(⊞)〕를 클릭해요.

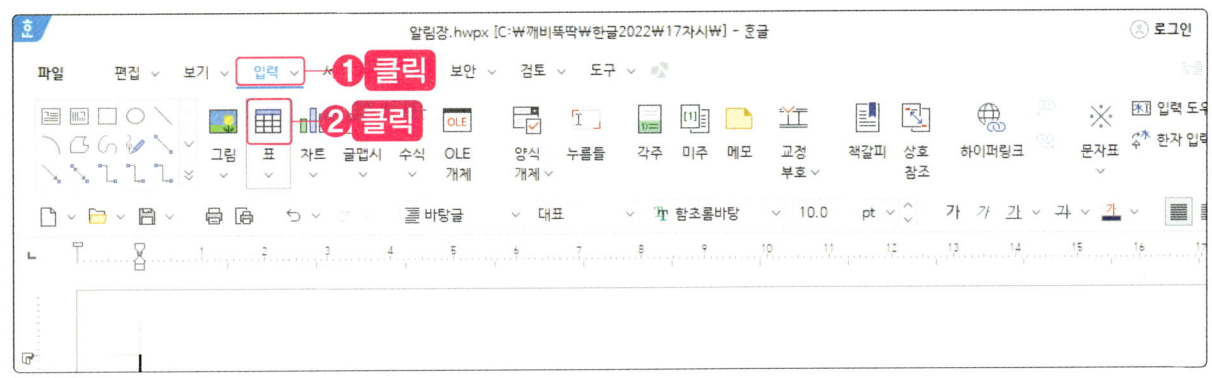

02 〔표 만들기〕 대화상자가 나타나면 줄 개수와 칸 개수를 지정한 후 〔글자처럼 취급〕을 선택한 다음 〔만들기〕를 클릭해요.
- 줄 개수 : 2, 칸 개수 : 1

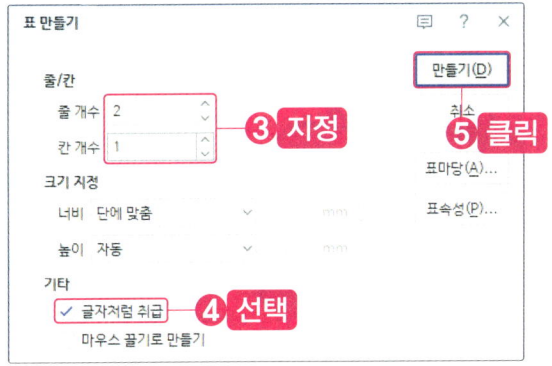

03 표가 삽입되면 셀 블록을 지정하고 Ctrl+↓를 눌러 한 쪽에 꽉 차게 만들어요.

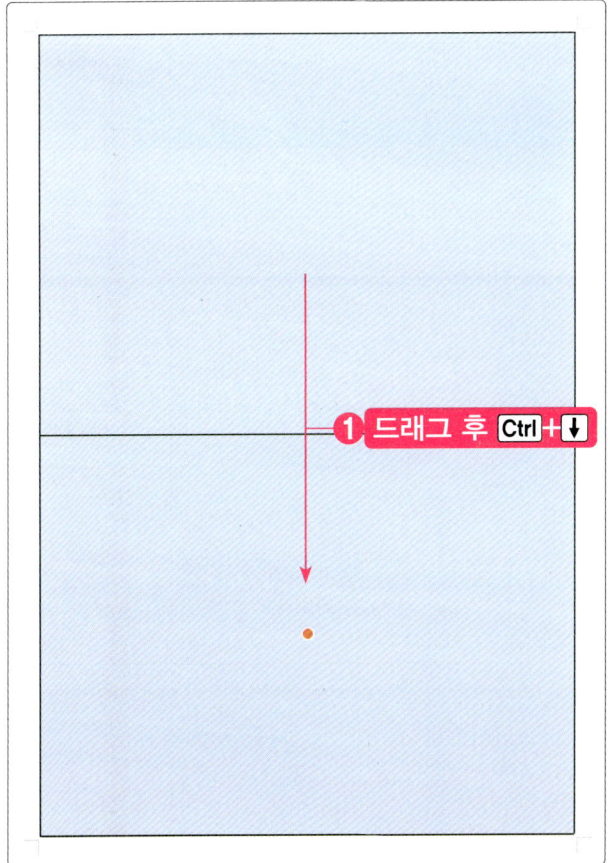

Lesson 17 • 알림장 속지 만들기 117

04 셀 블록이 지정된 상태에서 ⓛ을 눌러 〔셀 테두리/배경〕 대화상자의 〔테두리〕 탭에서 테두리 종류를 선택하고 〔모두(⊞)〕를 선택해요.
- 선 종류 : 선 없음

05 〔배경〕 탭을 클릭하고 〔그림〕을 선택한 후 〔그림 선택(📁)〕을 클릭해요. 그런다음 〔그림 넣기〕 대화상자가 나타나면 '17차시\테두리.png'을 선택하고 〔문서에 포함〕을 선택한 다음 〔열기〕를 클릭해요.

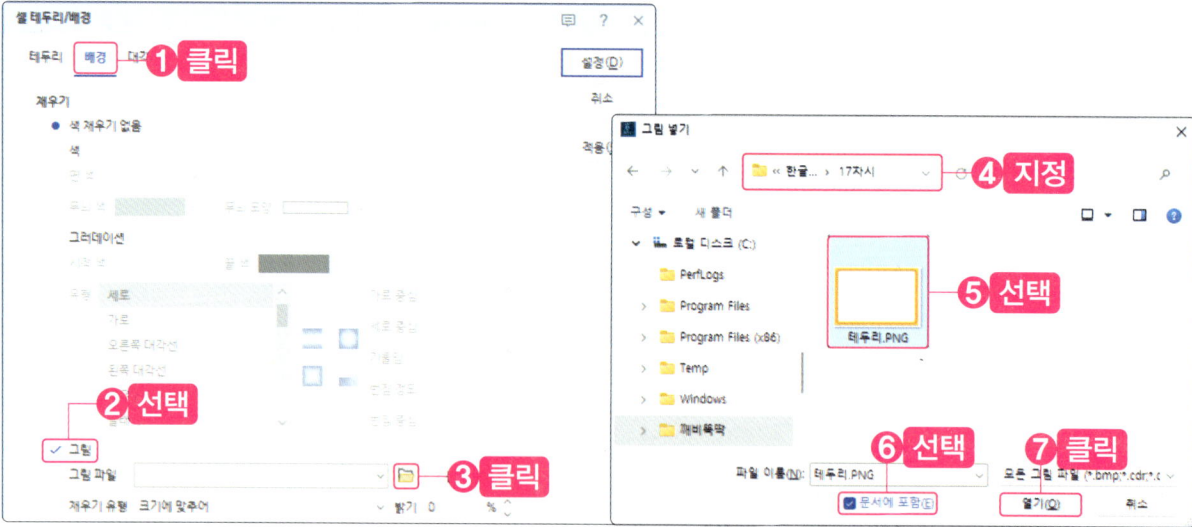

06 〔셀 테두리/배경〕 대화상자가 다시 나타나면 〔설정〕을 클릭해요.

07 다음과 같이 테두리가 적용돼요.

2 알림장 속지 만들기

01 1줄 1칸 셀을 클릭하고 [입력] 탭-[표(⊞)]를 클릭한 후 [표 만들기] 대화상자가 나타나면 줄 개수와 칸 개수를 지정한 다음 [글자처럼 취급]을 선택하고 [만들기]를 클릭해요.

- 줄 개수 : 10, 칸 개수 : 1

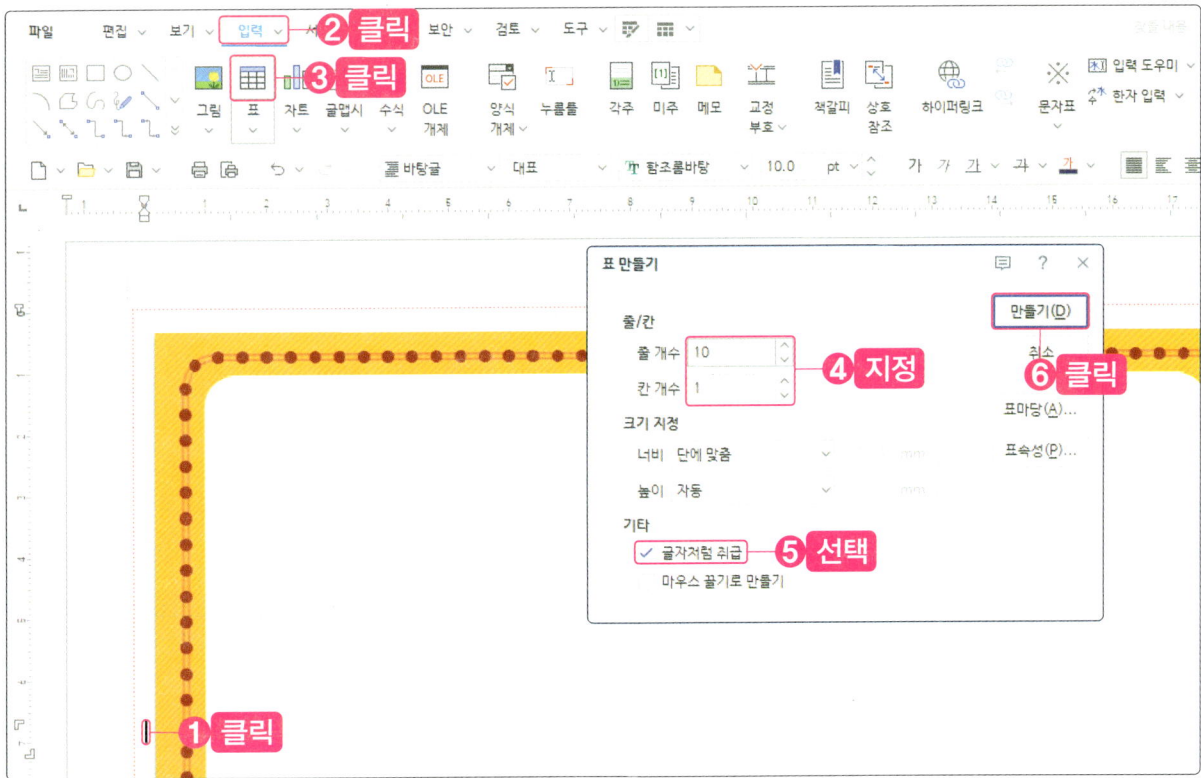

02 표가 삽입되면 표 아래에 커서를 위치하고 BackSpace 를 눌러 문단을 삭제한 후 [서식] 도구 상자에서 [가운데 정렬(≡)]을 선택해요.

03 표를 셀 블록으로 지정하고 Ctrl+방향키(↓, ←)를 눌러 테두리 그림 안에 배치될 수 있도록 조절해요.

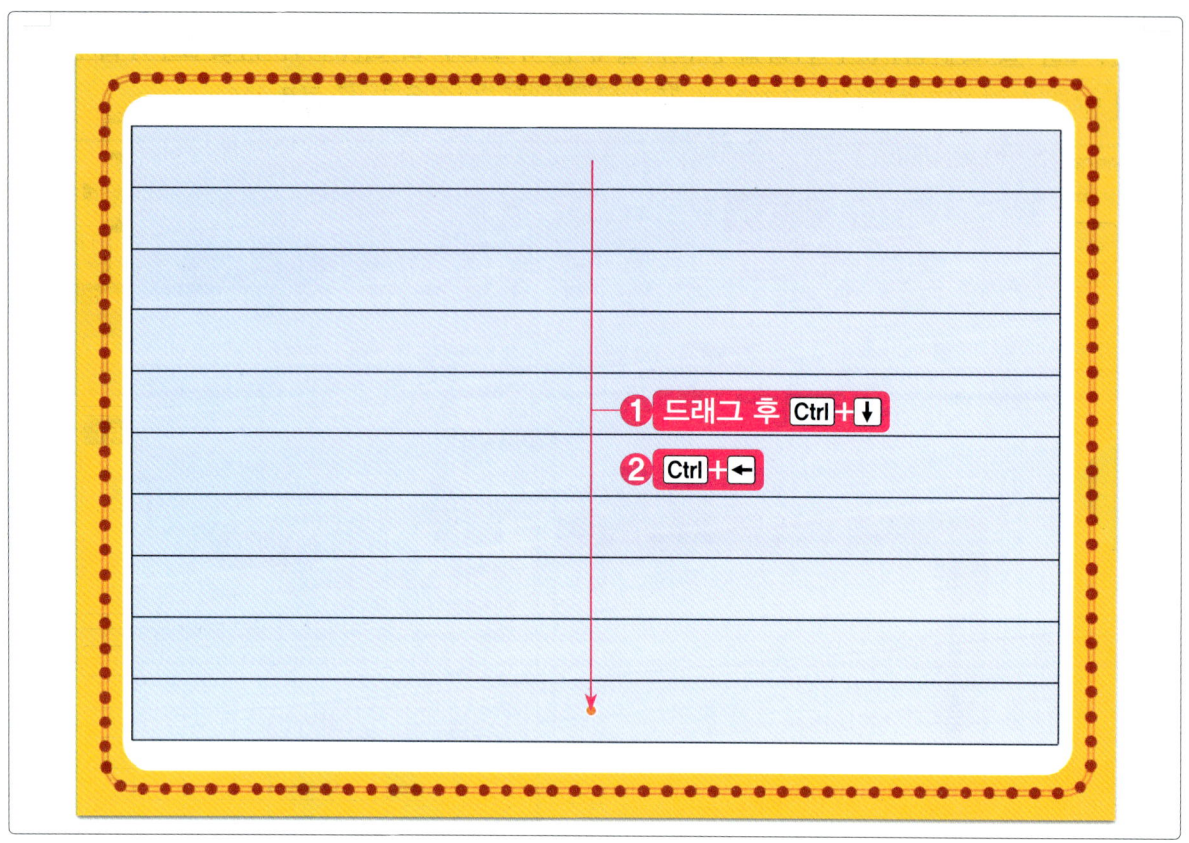

04 1줄 1칸을 셀 블록으로 지정하고 마우스 오른쪽 버튼을 눌러 바로가기 메뉴의 〔셀 나누기〕를 선택해요.

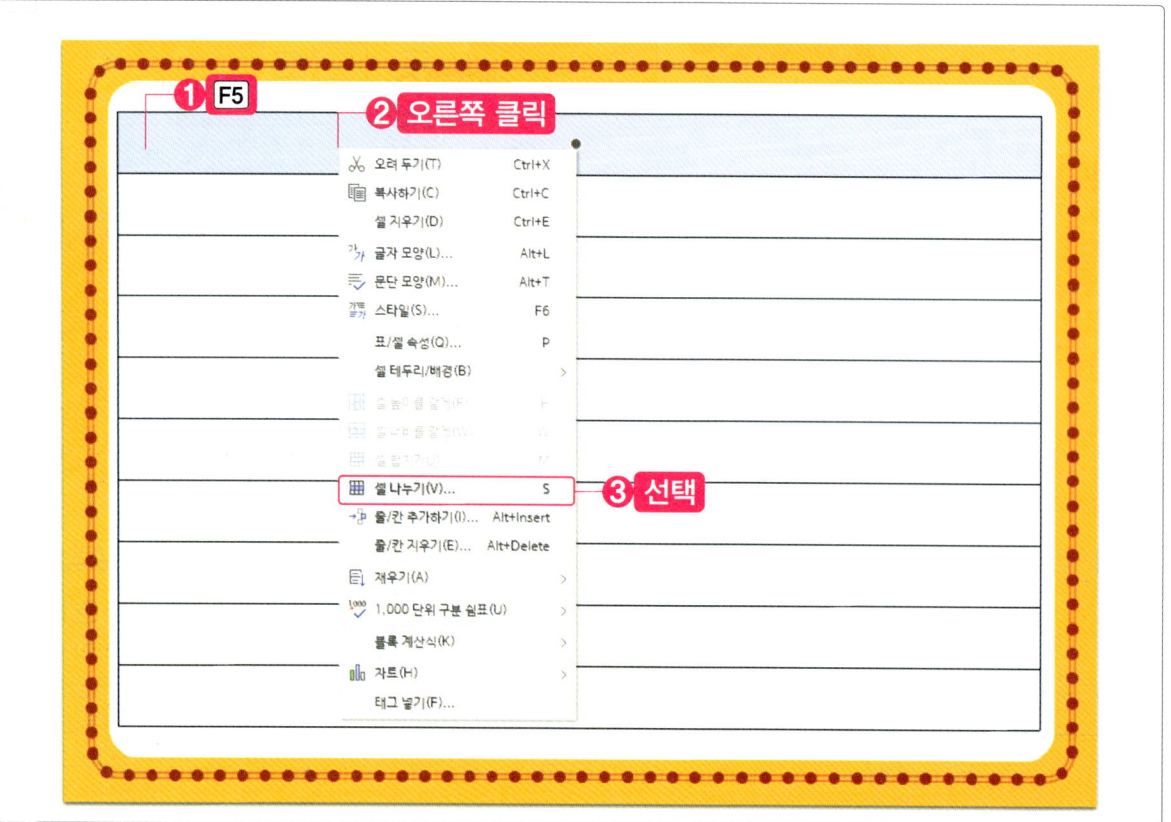

05 〔셀 나누기〕 대화상자가 나타나면 〔줄 개수〕를 선택 해제하고 칸 개수를 지정한 후 〔나누기〕를 클릭해요.

- 칸 개수 : 6

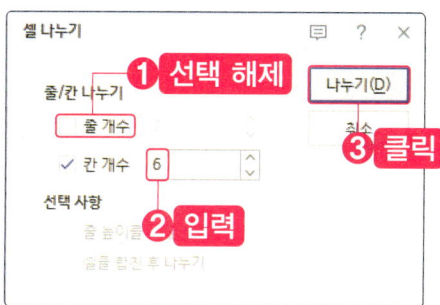

줄 개수를 선택 해제하면 자동으로 칸 개수가 선택돼요.

06 나누어진 칸에 각각 다음과 같이 입력하고 칸 너비를 조절해요.

- 글꼴 및 크기, 셀 채우기 색은 자유롭게 꾸며 보세요.

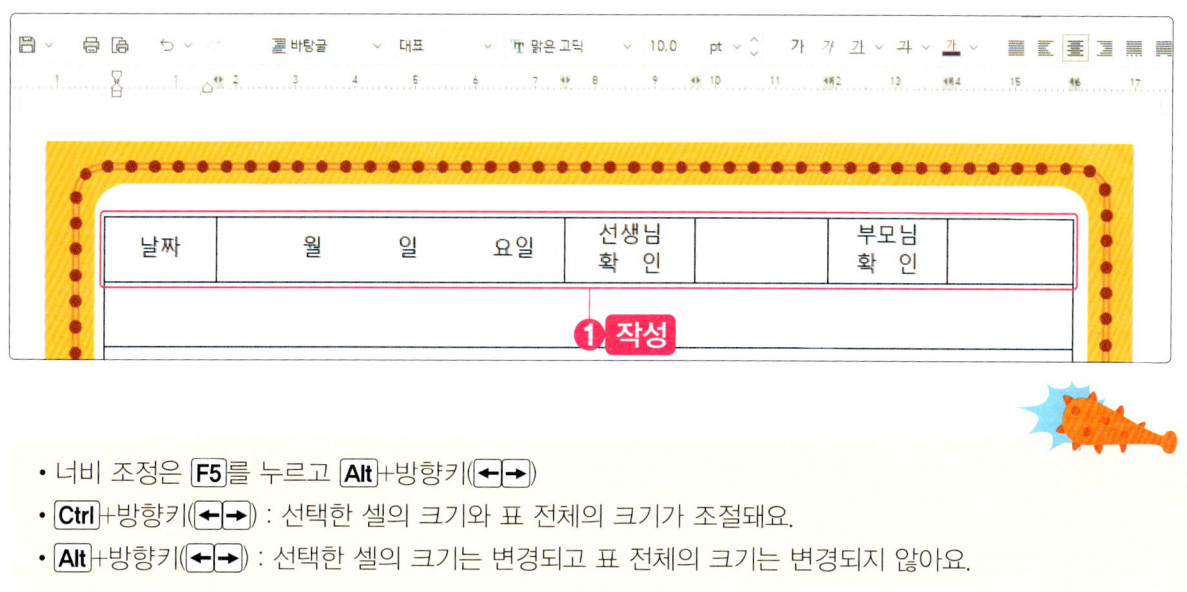

- 너비 조정은 F5를 누르고 Alt+방향키(←→)
- Ctrl+방향키(←→) : 선택한 셀의 크기와 표 전체의 크기가 조절돼요.
- Alt+방향키(←→) : 선택한 셀의 크기는 변경되고 표 전체의 크기는 변경되지 않아요.

07 알림장 속지가 완성되면 아래쪽에도 똑같은 내용으로 복사해서 넣어요.

〔셀 붙이기〕 대화상자가 나타나면 〔셀 안에 표로 넣기〕를 선택하고 〔붙이기〕를 클릭해요.

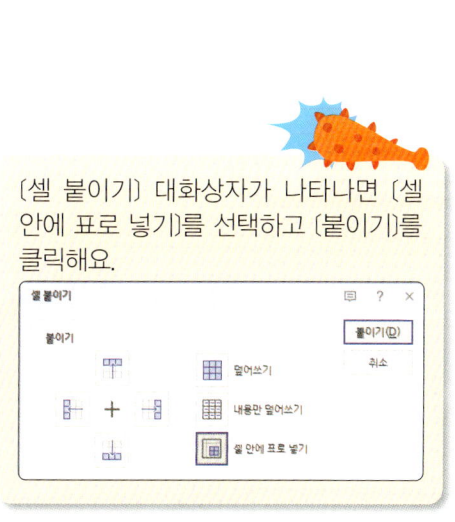

1 〔17차시〕 폴더에서 '오늘의메모.hwpx' 파일을 열고 다음과 같이 작성하여 문서를 완성해 보세요.

- 예제 파일 : 17차시\오늘의메모.hwpx   　　완성 파일 : 17차시\오늘의메모_완성.hwpx

날 짜	월　　일　　요일	날 씨	☀ ☁ ☂ ☃	오늘 기분상태	☺ ☻ ☹

✎ 오늘의 메모

날 짜	월　　일　　요일	날 씨	☀ ☁ ☂ ☃	오늘 기분상태	☺ ☻ ☹

✎ 오늘의 메모

날 짜	월　　일　　요일	날 씨	☀ ☁ ☂ ☃	오늘 기분상태	☺ ☻ ☹

✎ 오늘의 메모

날 짜	월　　일　　요일	날 씨	☀ ☁ ☂ ☃	오늘 기분상태	☺ ☻ ☹

✎ 오늘의 메모

- 문자표 : Ctrl + F10
  - ☀ ☁ ☂ ☃ : 〔유니 코드 문자〕 탭-〔여러 가지 기호〕
  - ☺ ☻ ☹ : 〔유니 코드 문자〕 탭-〔특수 문자〕
  - ✎ : 〔유니 코드 문자〕 탭-〔딩벳 기호〕

Lesson 18

◆ 표의 자동 채우기 기능을 이용하여 글자를 채울 수 있어요.
◆ 표 크기를 조절할 수 있어요.

용돈기입장 만들기

알림장에 출력할 용돈 기입장을 이번 시간에 만들면서 표 기능의 전체적인 복습을 해 볼 예정이에요. 그동안 배운 기능을 잘 생각해 보고 기억해서 오늘의 과제인 용돈 기입장을 잘 완성해 보도록 해요.

☼ 예제 파일 : 18차시\용돈기입장.hwpx   ☼ 완성 파일 : 18차시\용돈기입장_완성.hwpx

🖍 예쁜 이미지로 문서의 배경을 설정해요.

🖍 표의 자동 채우기 기능을 이용해요.

🖍 문서의 전체적인 출력 형태도 확인해요.

1 용돈기입장에 배경 넣기

01 〔18차시〕 폴더에서 '용돈기입장.hwpx' 파일을 열고 〔쪽〕 탭-〔쪽 테두리/배경〕을 클릭해요.

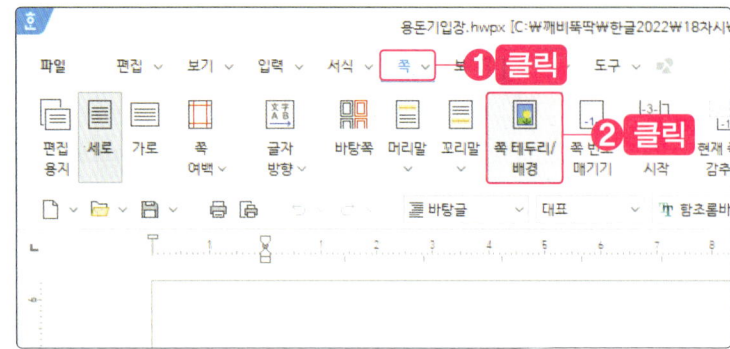

02 〔쪽 테두리/배경〕 대화상자가 나타나면 〔배경〕 탭에서 〔그림〕을 선택하고 〔그림 선택(📁)〕을 클릭해요.

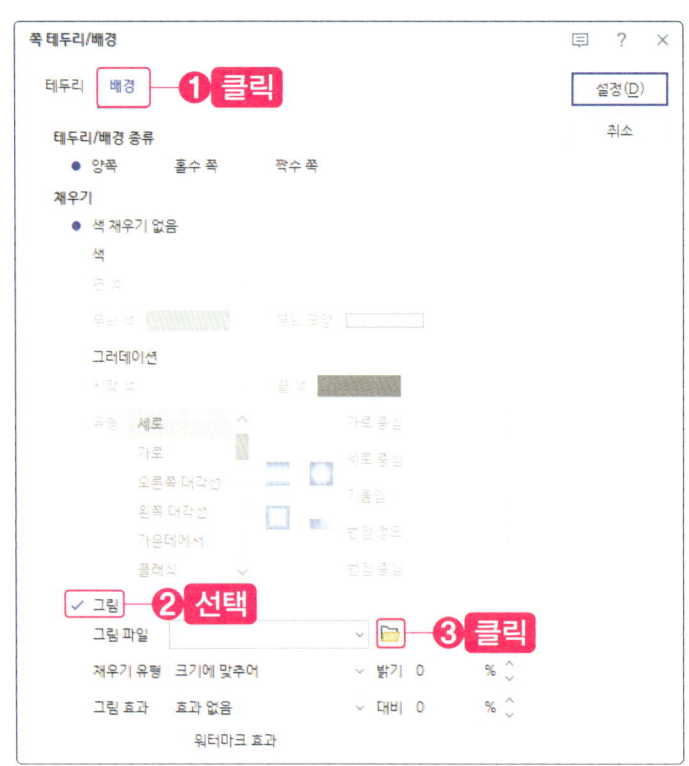

03 〔그림 넣기〕 대화상자가 나타나면 '18차시\용돈기입장-배경.png'을 선택하고 〔문서에 포함〕을 선택한 후 〔열기〕를 클릭해요.

04 〔쪽 테두리/배경〕 대화상자가 다시 나타나면 〔설정〕을 클릭해요.

2 표 삽입하고 꾸미기

01 〔입력〕 탭-〔표(⊞)〕를 클릭하고 〔표 만들기〕 대화상자가 나타나면 줄 개수와 칸 개수를 지정한 후 〔글자처럼 취급〕을 선택한 다음 〔만들기〕를 클릭해요.

- 줄 개수 : 17, 칸 개수 : 5

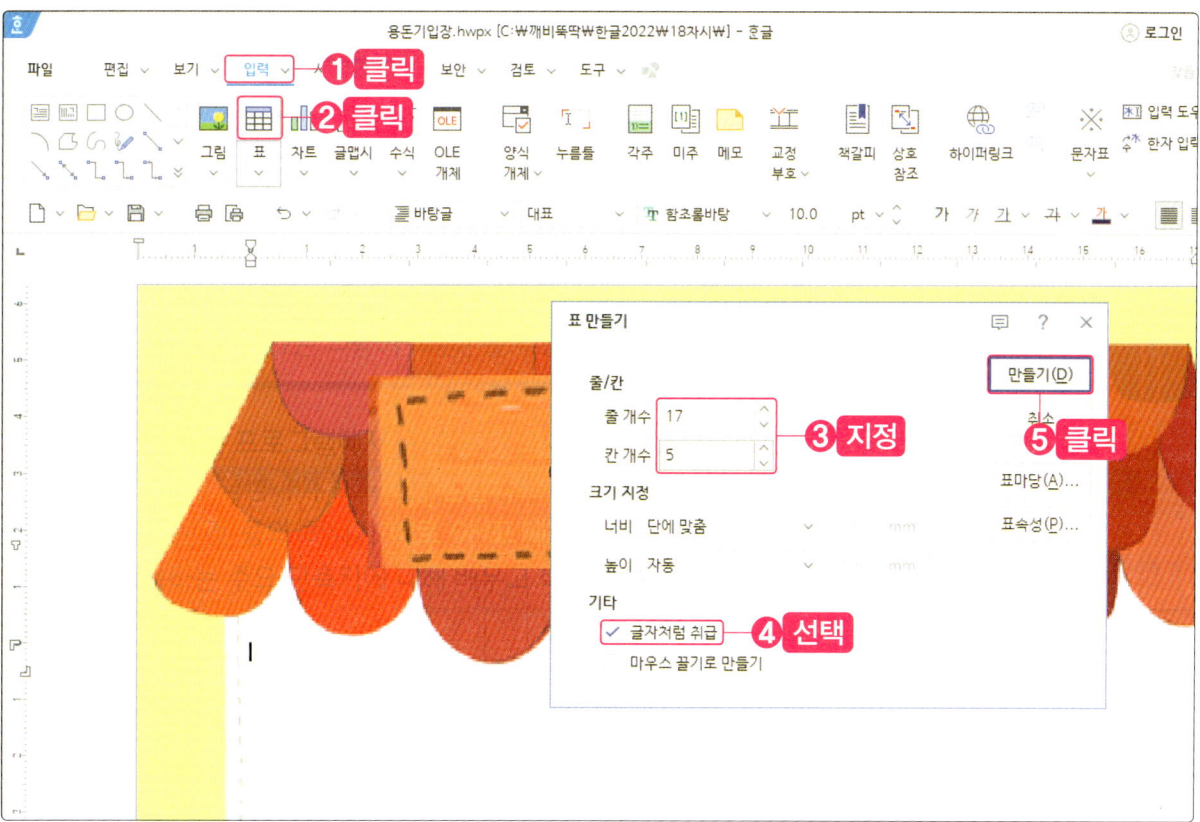

02 표가 삽입되면 각각의 셀에 다음과 같이 내용을 입력하고 1줄 1칸 ~ 2줄 5칸을 드래그하여 셀 블록으로 지정한 다음 〔서식〕 도구 상자에서 〔가운데 정렬(≡)〕을 선택해요.

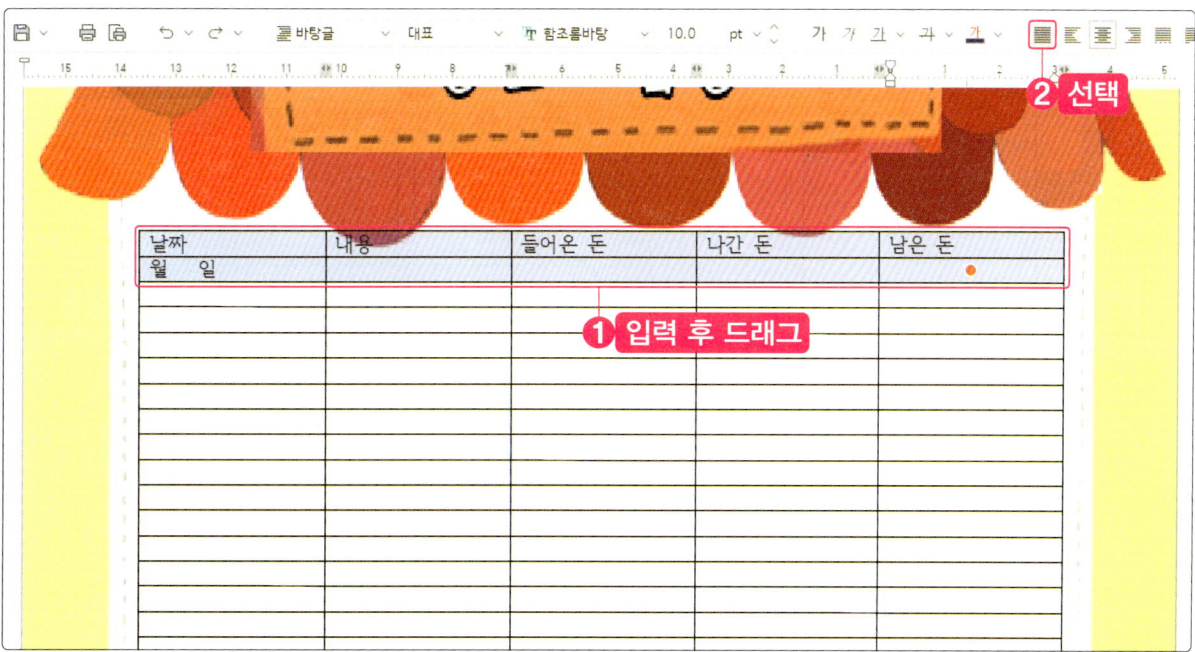

Lesson 18 • 용돈기입장 만들기 125

03 2줄 1칸 ~ 17줄 1칸을 셀 블록으로 지정하고 키보드의 Ⓐ를 눌러 표 자동 채우기를 선택하면 같은 내용으로 채워져요.

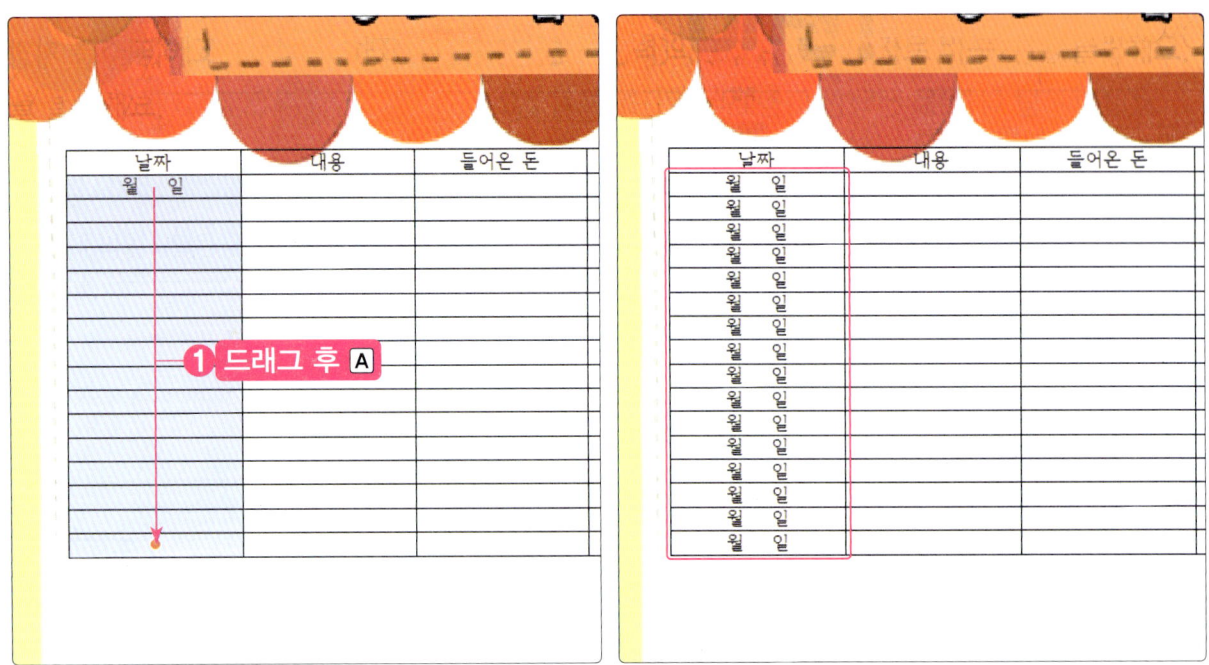

04 다음과 같이 Ctrl+방향키(←/→/↑/↓)를 이용하여 다음과 같이 크기를 조절해요.

05 표 전체를 셀 블록으로 지정하고 [서식] 도구 상자에서 글꼴 및 글자 크기, 정렬을 선택해요.

- 글꼴 : 양재튼튼체B, 글자 크기 : 13pt
- 정렬 : 가운데 정렬(≡)

06 다음과 같이 셀 테두리 및 채우기 색을 지정해요.

- 테두리 및 채우기 색을 자유롭게 꾸며보세요.

1. 표를 이용하여 다음과 같이 문서를 작성하세요.

- 예제 파일 : 없음
- 완성 파일 : 18차시\결재판_완성.hwpx

행정사무관	서기관	행정제도과장	제도정책관
정준하	유재석	하하	전결 12/14 박명수
협조자			

- 바깥 테두리
  선 종류 : 실선, 굵기 : 0.4mm

2. 표를 이용하여 다음과 같이 문서를 작성하세요.

- 예제 파일 : 없음   완성 파일 : 18차시\도서구입_완성.hwpx

도서 구입 추천서

( )학년 ( )반 이름 ( )

도 서 명	지은이	출판사	가격(정가)	추천이유 (간단히)

※ 도서명은 반드시 적어주시고 나머지 항목도 가능한 범위에서 작성해 주세요.
※ 가격은 할인가가 아닌 꼭 정가로 적어주세요.
※ 담임 선생님께서는 학급별 수합 후에 <u>도서실 사서 선생님께 보내주세요</u>.

- 글꼴 및 글자 크기, 테두리는 자유롭게 꾸며 보세요.

Lesson 19

표 고급기능 활용하기

- 표의 계산기능을 이용해서 블록의 합계를 구해보아요.
- '1,000단위 구분 쉼표'를 자동으로 넣고 뺄 수 있는 방법을 학습해요.

한글 기능 중 문서만 입력하는 기능뿐만 아니라 표에서는 계산기능이 있어요. 자동으로 합계가 계산되고 평균이 구해져요. 문서를 작성하면서 사용하면 매우 편리한 기능이에요. 블록 계산 기능에 대해 학습하도록 해요.

❂ 예제 파일 : 19차시\업종별.hwpx ❂ 완성 파일 : 19차시\업종별_완성.hwpx

<업종별 종사자수 현황>

(단위 : 명, %)

업종별	2023년	2024년	2025년
한식, 음식점	35,056	38,456	39,845
제과점, 커피	10,053	9,853	8,247
치킨, 피자, 햄버거	11,012	12,456	11,321
김밥, 분식음식	11,245	14,235	13,124
합계	67,366	75,000	72,537

표의 테두리와 셀 채우기로 표를 꾸밀 수 있어요.

표의 계산기능으로 합계를 구해요.

'1,000단위 구분 쉼표'를 자동으로 넣고 뺄 수 있어요.

1 표 완성하기

01 〔19차시〕 폴더에서 '업종별.hwpx' 파일을 열고 다음과 같이 내용을 입력해요.

<업종별 종사자수 현황>

(단위 : 명, %)

업종별	2023년	2024년	2025년
한식, 음식점	35,056	38,456	39,845
제과점, 커피	10,053	9,853	8,247
치킨, 피자, 햄버거	11,012	12,456	11,321
김밥, 분식음식	11,245	14,235	13,124
합계			

❶ 입력

02 표 전체를 셀 블록으로 지정하고 〔서식〕 도구 상자에서 글꼴 및 글자 크기, 정렬을 선택해요.

- 글꼴 : 맑은 고딕, 글자 크기 : 12pt
- 정렬 : 가운데 정렬(≡)

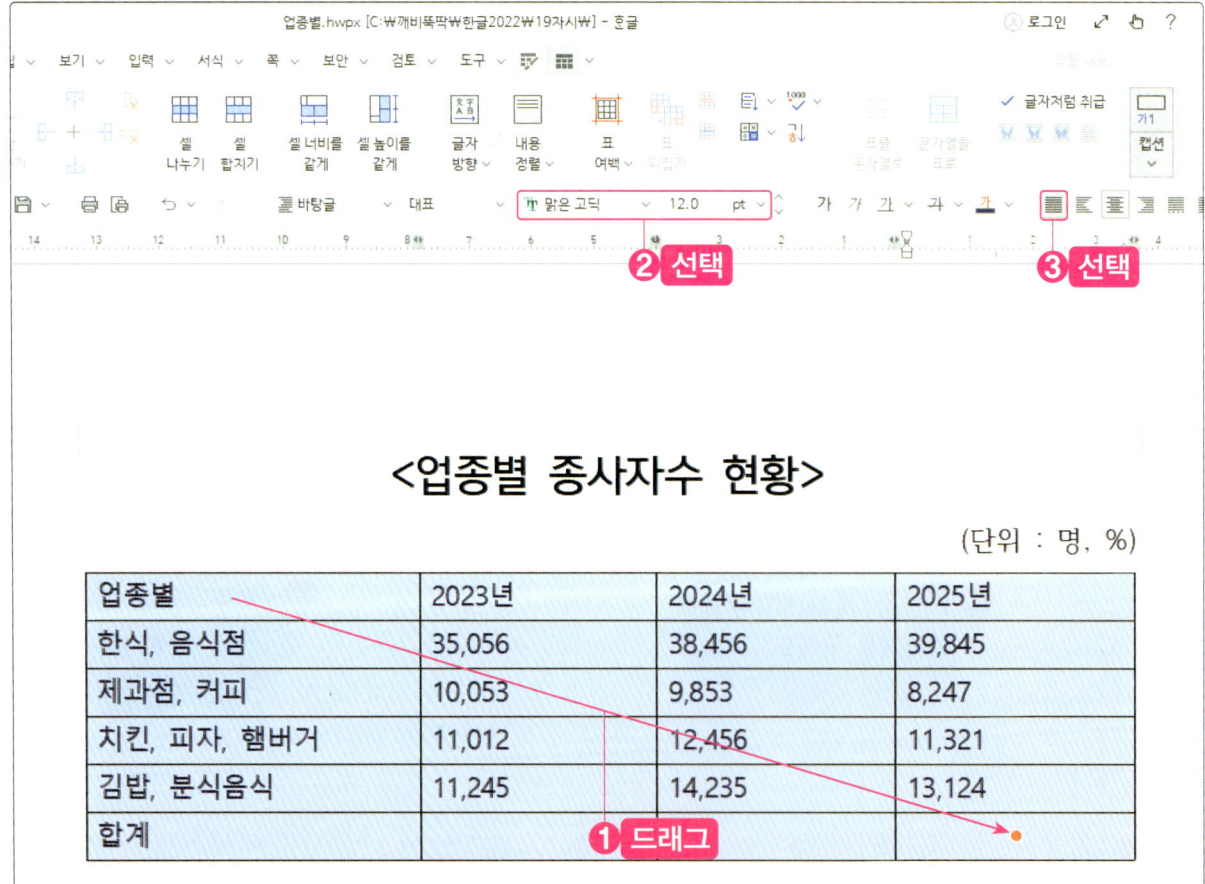

130

03 2줄 2칸 ~ 6줄 4칸을 셀 블록으로 지정하고 [표 레이아웃( )] 탭-[계산식( )]-[블록 합계]를 선택해요.

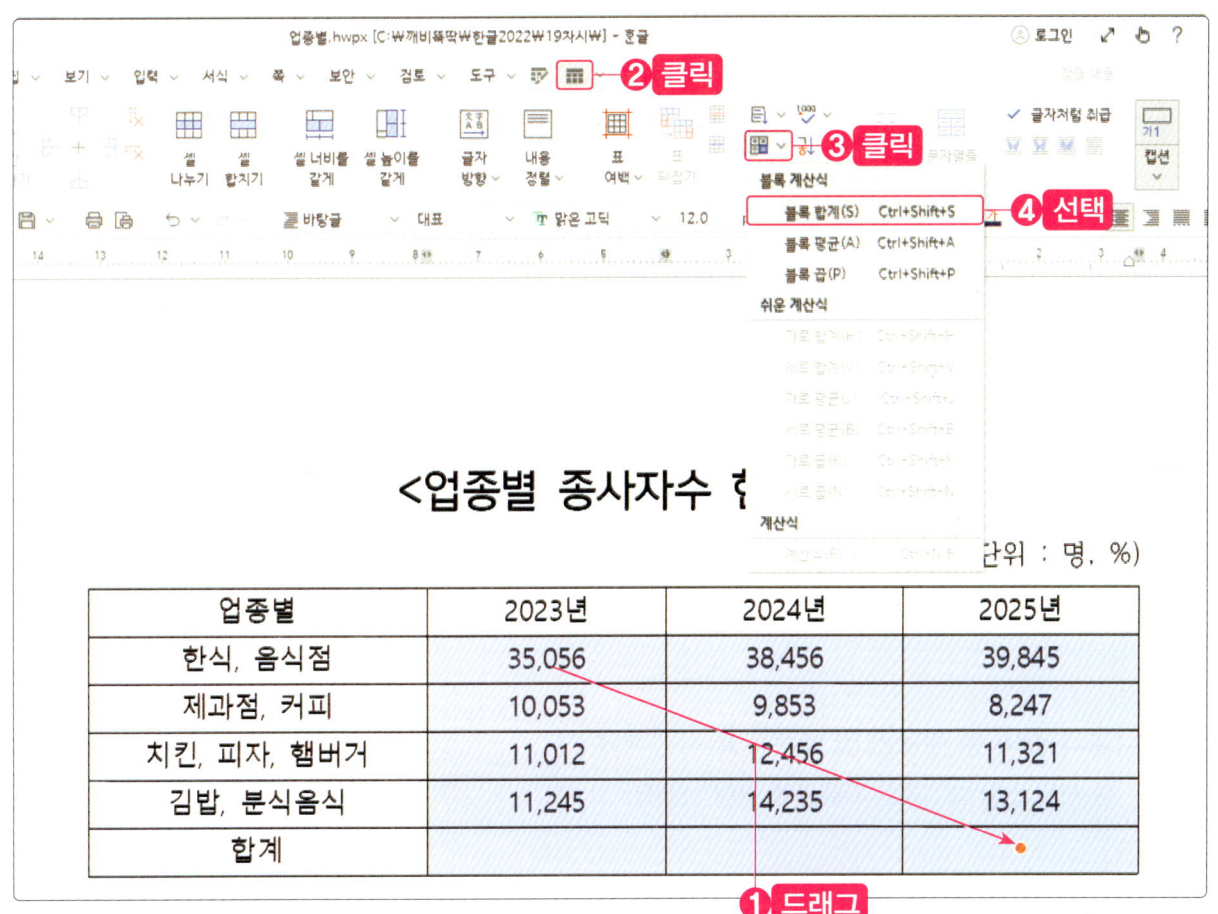

자릿점 넣기 및 자릿점 빼기
표 안의 숫자 값의 경우 1,000 단위 마다 자릿점을 넣거나 뺄 수 있습니다.
방법은 숫자 값이 들어간 셀을 지정 후 바로 가기 메뉴의 [1,000 단위 마다 구분 쉼표] 항목의 자릿점 넣기/자릿점 빼기를 선택하거나 [표 디자인( )]-[1,000 단위 구분 쉼표( )]의 자릿점 넣기/자릿점 빼기를 사용합니다.

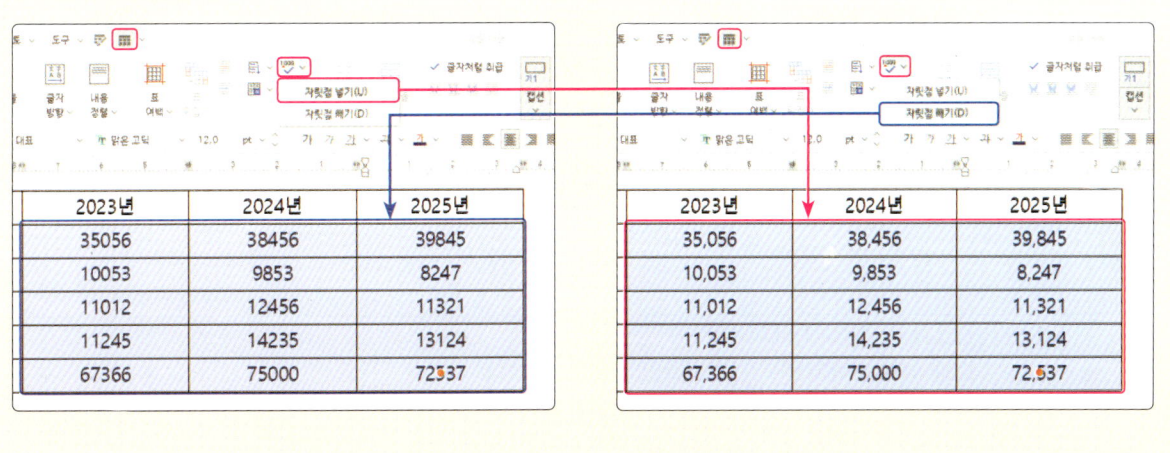

04 다음과 같이 합계가 계산되고 천 단위 구분 기호(,)가 자동으로 표시돼요.

<업종별 종사자수 현황>

(단위 : 명, %)

업종별	2023년	2024년	2025년
한식, 음식점	35,056	38,456	39,845
제과점, 커피	10,053	9,853	8,247
치킨, 피자, 햄버거	11,012	12,456	11,321
김밥, 분식음식	11,245	14,235	13,124
합계	67,366	75,000	72,537

05 다음과 같이 셀 채우기 및 테두리를 지정해요.
- 셀 채우기 및 테두리는 자유롭게 꾸며 보세요.

<업종별 종사자수 현황>

❶ 셀 테두리 및 채우기 색 지정

(단위 : 명, %)

업종별	2023년	2024년	2025년
한식, 음식점	35,056	38,456	39,845
제과점, 커피	10,053	9,853	8,247
치킨, 피자, 햄버거	11,012	12,456	11,321
김밥, 분식음식	11,245	14,235	13,124
합계	67,366	75,000	72,537

① 〔19차시〕 폴더에서 '시장규모.hwpx' 파일을 열고 블록 계산식 및 표의 개체 속성을 변경해 보세요.
- 예제 파일 : 19차시\시장규모.hwpx   완성 파일 : 19차시\시장규모_완성.hwpx

주요 국가의 데이터 시장규모(단위 : 10억 달러)

구분	2021년	2022년	2023년	2024년	합계
미국	16,000	212,000	24,700	30,620	283,320
유럽	41,050	53,400	6,300	7,600	108,350
영국	21,500	26,800	3,600	3,590	55,490
프랑스	5,500	7,400	9,100	11,500	33,500

② 〔19차시〕 폴더에서 '도서대여.hwpx' 파일을 열고 블록 계산식 및 표의 개체 속성을 변경해 보세요.
- 예제 파일 : 19차시\도서대여.hwpx   완성 파일 : 19차시\도서대여_완성.hwpx

월별 도서대여권수

학생명	3월	4월	5월	6월	평균
정하윤	3	2	2	3	2.50
진재원	2	2	2	2	2.00
박서정	1	3	3	3	2.50
김시은	5	2	2	5	3.50
이하음	2	1	3	2	2.00
이윤원	1	2	2	1	1.50
김주한	3	5	3	2	3.25
윤지호	5	2	4	3	3.50
박지윤	2	3	2	5	3.00
김별아	1	1	3	4	2.25

- 블록 평균을 계산하고 완성 이미지를 참고하여 완성해 보세요.
- 글꼴 및 글자 크기, 테두리, 채우기 색은 자유롭게 꾸며 보세요.

배운것을 정리해요!

> 문제를 풀며 지금까지 배운 내용을 총정리하도록 해요.

1. 한글에서 키보드에 없는 특수문자를 입력할때 쓰는 단축키는?

    ① Ctrl+F10   ② Ctrl+A   ③ Alt+L   ④ Alt+T

2. (글자 모양)을 변경할 때 쓰이는 단축키는 무엇일까요?

    ① Ctrl+A   ② Ctrl+Z   ③ Alt+T   ④ Alt+L

3. 한글에서 그림의 조각을 미리 등록해 놓고 사용할 수 있도록 한 기능은 무엇일까요?

    ① 차트   ② 그리기마당
    ③ 글맵시   ④ 하이퍼링크

4. 표 전체를 블록으로 잡을 수 있는 단축키는 무엇일까요?

    ① F5   ② F5+F5   ③ F5+F5+F5   ④ Ctrl+A

5. 글자나, 그림이 지워졌을 때 지워지기 이전 상태로 되돌아가기 위한 명령을 실행 취소라고 하는데요. 실행 취소의 단축키는 무엇일까요?

    ① Alt+A   ② Ctrl+A   ③ Ctrl+Z   ④ Alt+Z

※ 정답은 PDF로 제공됩니다.

1. 표를 이용하여 다음과 같이 문서를 작성하세요.

- 예제 파일 : 없음
- 완성 파일 : 20차시\비타민의 종류_완성.hwpx

비타민의 종류와 결핍증

종류	결핍증	증상	많이 포함된 식품
비타민 A	야맹증	밤에 앞이 잘 보이지 않음	우유, 치즈, 녹황색 채소
비타민 B1	각기병	다리가 부어오르며 이때 손가락으로 누르면 살이 다시 올라오지 않음	현미, 보리, 돼지고기
비타민 C	괴혈병	뼈와 치아가 약해지고 잇몸에 염증이나 출혈이 생김	신선한 채소와 과일
비타민 D	구루병	뼈나 근육이 비정상으로 성장함	달걀 노른자, 우유, 버터

2. 오늘의 마지막 테스트는 타자검점이에요. 타자검정을 실시하고 내용을 기록하세요.

- 예제 파일 : 없음
- 완성 파일 : 20차시\타자연습_완성.hwpx

날짜	타자검정내용	평균타수	정확도	확인
월 일	별 헤는밤	타	%	
월 일		타	%	
월 일		타	%	
월 일		타	%	
월 일		타	%	

• 타자검정 내용은 '별 헤는밤' 타자검정 5분입니다.

Lesson 21

종합정리 1
메모장 만들기

🔧 **예제 파일** : 없음   🔧 **완성 파일** : 21차시\메모장_완성.hwpx

❶ 〔편집 용지〕 설정
  • 왼쪽/오른쪽/위쪽/아래쪽 : 5mm
  • 머리말/꼬리말/제본 : 0mm
❷ 〔표 만들기〕
  • 줄 수 : 1, 칸 수 : 3
❸ 〔셀 테두리/배경〕-〔테두리〕 탭
  • 선 종류 : 선 없음, 모두(⊞)
❹ 셀 블록을 지정하고 〔배경〕 탭에서 〔채우기〕 '그림'을 선택 한 후 〔21차시〕 폴더에서 '테두리1', '테두리2', '테두리3'을 각각 그림으로 채우기해요.

❺ 표 안에 커서를 위치하고 Ctrl+Enter를 눌러 그림으로 채워진 표를 추가해요.
  • 글꼴 및 글자 크기는 자유롭게 꾸며 보세요.
❻ 텍스트를 입력하고 셀 블록을 지정한 후 〔표/셀 속성〕 대화상자에서 세로 정렬(위쪽(▨))을 선택해요.
❼ 21차시 폴더에서 그림을 삽입해요.

Lesson 22

종합정리 2
한글 단축키 목록 작성하기

✿ 예제 파일 : 없음　　✿ 완성 파일 : 22차시\단축키_완성.hwpx

분류	단축키	기능	중요도
기능	F1	도움말	★★☆
	F7	편집 용지	★☆☆
문서	Alt + N	새글	★☆☆
	Alt + O	불러오기	★☆☆
	Alt + X	끝내기	★☆☆
	Alt + F4	문서 닫기	★☆☆
	Alt + S	저장하기	★★☆
편집	Ctrl + A	전체 선택	★★★
	Ctrl + C	복사하기	★★★
	Ctrl + X	오려 두기	★★★
	Ctrl + V	붙여넣기	★★★
	Ctrl + E	지우기	★☆☆
	Ctrl + Z	되돌리기	★★☆
	Ctrl + Enter	강제쪽 나누기	★☆☆
	Alt + L	글자모양	★★☆
	Alt + T	문단모양	★★☆

❶ 〔글맵시〕
- 글꼴 : HY울릉도B, 글맵시 모양 : 위쪽 원호(⌒)

❷ 〔개체 속성〕
- 〔기본〕 탭
  크기 ⇒ 너비 : 120mm, 높이 : 40mm
  위치 ⇒ 〔글자처럼 취급〕 선택
- 〔채우기〕 탭
  색 : 노랑(RGB: 255,215,0)
- 〔선〕 탭
  종류 : 실선
- 〔글맵시〕 탭
  그림자 ⇒ 비연속, X 위치 : 1%, Y 위치 : 2%

❸ 〔표〕
- 줄 수 : 17, 칸 수 : 4
- 글꼴 : HY헤드라인M, 글자 크기 : 12pt
- 셀 테두리 및 셀 배경 색은 자유롭게 꾸며 보세요.

❹ 〔문자표〕
- 〔한글 문자표〕 탭–문자 영역 : 키캡, 전각 기호(일반)

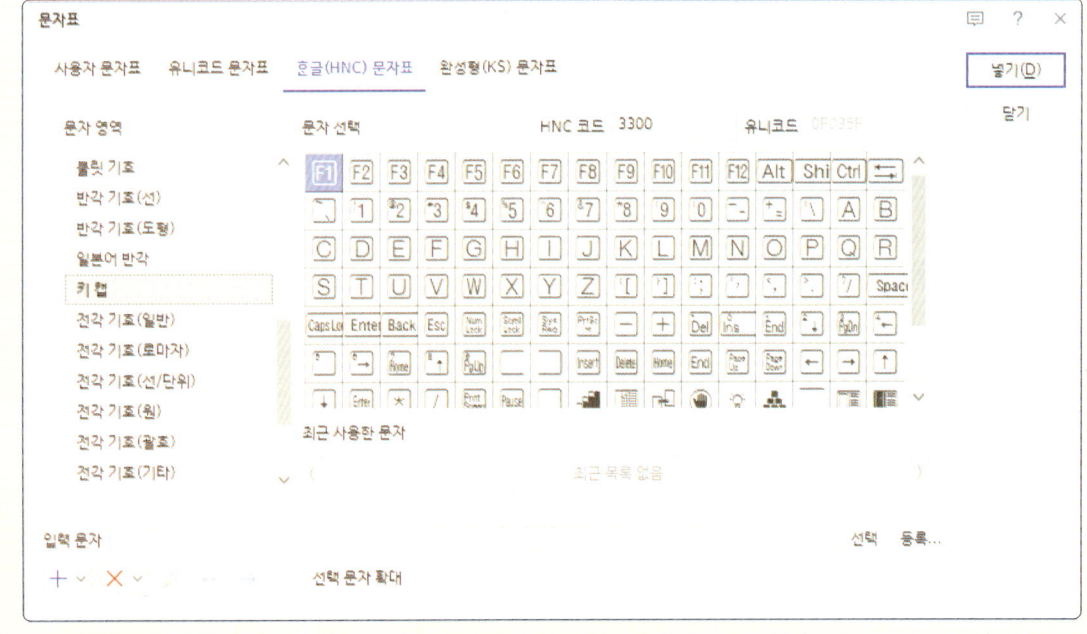

Lesson 23

종합정리 3
도트 디자인 – 다람쥐 그리기

🛠 예제 파일 : 23차시\도트 디자인(다람쥐).hwpx   🛠 완성 파일 : 23차시\도트 디자인(다람쥐)_완성.hwpx

1. 다음 정해진 색으로 채워넣으세요.

   1 ■ 2 ▨ 3 ■ 4 ▨ 5 ▨ 6 ▨ 7 ▨ 8 ▨

'23차시\도트 디자인(다람쥐).hwpx' 파일을 열고 숫자에 맞는 색으로 표를 채워 그림을 완성하세요.

✿ 예제 파일 : 23차시\추천도서목록.hwpx   ✿ 완성 파일 : 23차시\추천도서목록_완성.hwpx

초등학생 학년별 추천 도서목록

학년	순번	제 목	지 은 이	출 판 사	확인
1학년	1	난지도가 살아 났어요	이명희	마루벌	
	2	종이봉지 공주	로버트문치	비룡소	
	3	벼가 자란다	도토리	보리	
	4	강아지 똥	권장생	길벗어린이	
	5	세상에서 제일 힘쎈 수탉	이호백	재미마주	
2학년	1	우리가족의 최고의 식사	신디위마고나	샘터	
	2	그림도둑 준모	오승희	낮은산	
	3	아름다운 가치사전	채인선	한울림어린이	
	4	특별한 엄마의 생일선물	크리스티네 뇌스트링거	해솔	
	5	스티커 토끼	가브리엘라케셀만	책속물고기	
3학년	1	마법의 설탕 두조각	마하엘엔데	소년한길	
	2	책 읽어주는 로봇	정회성	주니어김영사	
	3	강치야 독도 강치야	김일광	봄봄	
	4	쫀드기쌤 찐드기쌤	최종득	문학동네	
	5	난 과자로 공부했다	라쉘오스파테르	시소	
4학년	1	광합성 소년	존레이놀즈 가디너	책과콩나무	
	2	엄마 아빠 대반란		책속물고기	
	3	신기한 시간표	오카다준	보림출판사	
	4	티타늄 다리의 천사	정하섭	두산동아	
	5	김치를 싫어하는 아이들아	김은영	다산	
5학년	1	거절한다는 것(햄버거와 피자의 차이)	서영선	장수하늘소	
	2	국제무대에서 꿈을 펼치고 싶어요	서지원,나혜원	뜨인돌어린이	
	3	어린이가 처음 배우는 인류의 역사	김성화	토토북	
	4	문제아	박기범	창비	
	5	우리들의 일그러진 영웅	이문열	다림	
6학년	1	오이대왕	크리스티네 뇌스틀링거	사계절	
	2	도비와 함께 사회공부 뚝딱	유다정	토토북	
	3	둥글둥글 지구촌 국제구호 이야기	이수한	풀빛	
	4	어린이가 처음 배우는 인류의 역사	김성화,권수진	토토북	
	5	물리 대소동	코라리	다산어린이	

❶ 학년 : [표] 탭-[세로 쓰기(🔲)]로 작성해요.
❷ 글꼴 모양 및 문단 모양은 출력형태를 참고하여 자유롭게 꾸며 보세요.

Lesson 24 종합정리 4
체험학습보고서 만들기

● 예제 파일 : 24차시\체험학습보고서.hwpx   ● 완성 파일 : 24차시\체험학습보고서_완성.hwpx

교외체험학습 보고서

인적사항	성명		학년반	학년 반
	주소		전 화	

체험학습일	1일이상	20 년 월 일 ~ 20 년 월 일(일간)
	반일	20 년 월 일 ( )교시 ~ ( )교시, 총 ( )시간

학습한 내용

위와 같이 교외체험학습을 하였음을 보고합니다.

20 년 월 일

학 생 :

학부모 :   (인)

깨비초등학교장 귀하

※ 사진, 수집 자료 등은 별도로 첨부합니다.(보고서는 체험학습 실시 후 5일 이내 제출)